幼儿园一线教师教育笔记精选50例

王哼 ◎ 主编

图书在版编目（CIP）数据

幼儿园一线教师教育笔记精选50例/王哼主编．—福州：福建教育出版社，2023.5

ISBN 978-7-5334-9649-4

Ⅰ．①幼⋯ Ⅱ．①王⋯ Ⅲ．①学前教育－教学参考资料 Ⅳ．①G613

中国国家版本馆CIP数据核字（2023）第056323号

You'eryuan Yixian Jiaoshi Jiaoyu Biji Jingxuan 50 Li
幼儿园一线教师教育笔记精选50例
王哼 主编

出版发行 福建教育出版社
　　　　（福州市梦山路27号　邮编：350025　网址：www.fep.com.cn
　　　　编辑部电话：010-62027445
　　　　发行部电话：010-62024258　0591-87115073）
出 版 人　江金辉
印　　刷　福州万达印刷有限公司
　　　　（福州市闽侯县荆溪镇徐家村166-1号厂房第三层　邮编：350101）
开　　本　710毫米×1000毫米　1/16
印　　张　12.75
字　　数　171千字
插　　页　2
版　　次　2023年5月第1版　2023年5月第1次印刷
书　　号　ISBN978-7-5334-9649-4
定　　价　35.00元

如发现本书印装质量问题，请向本社出版科（电话：0591-83726019）调换。

目 录

案例观察 001

推积木 003
小菜农 007
够葡萄 010
修秋千 015
三只小猪 018
幼儿们的服务区 022
沙池里的小小工匠 026
花轿趣事 029
"筷"乐测量 033

滚动的球 037
快乐建构 040
旋风制造 045
天桥记 050
高架桥的诞生 053
小鱼之家 057
种豆豆 061
游戏的力量 065

个案跟踪 071

爱打人的岳岳 073
喜欢画枪的辰辰 077
想得到更多爱的馨馨 080
汤汤变了 085
闹闹的心事 088

韵韵自信了 091
皮皮的成长日记 096
钰钰成长录 100
宇宇的进步 104
十分钟的奇迹 108

角落里的向阳花 112
走出心灵围城 116
被"关怀"笼罩 120
"语"你同行 124
不怕挑食 127
轻易化解同伴冲突 130

随笔反思 135

"不可以"的事情 137
躲猫猫的动物朋友们 141
鹌鹑蛋引发的故事 144
一片树叶 147
抢做队伍小排头 150
数"1、2、3" 153
山楂记 156
"洞"察一切 159
以幼儿为视角 163
让幼儿敢说 167
相信幼儿的发现 171
感受童心 175
发问促发展 179
走进童心,共同成长 183
浅浅的守候最深情 189
"悦"讲"阅"精彩 193
预约牌巧运用 197

推积木

自由活动时，小也将一些木质积木整齐地排列成一竖排，一旁的冉冉好奇地问他："小也，你在玩什么？"

小也说："我昨天看的动画片里面有个连锁反应，我也要玩一下！"

冉冉说："咱们两个一起玩好吗？"

"好呀！"

两个小朋友一起将小积木竖直排列成一竖排，沿着桌子的一条边摆完了一列积木。

小也用手推了一下，积木一个挨着一个倒下了。

冉冉拍手说："真好玩！"

他们想要把积木再摆长一点，于是在沿着桌子的一个边摆完积木后拐了个弯，把积木摆到另外一个边上。

这次，他们摆完后再推积木，只推倒了一边的积木，另外一边的积木却没有被推倒。

冉冉问："为什么这次失败了呢？"

两个幼儿开始对积木如何能够形成连锁反应进行了实验，实验的结果是只要积木挨的距离近，推倒的时候能够碰到另外一个积木，那么就可以成功。

他们将积木的距离拉近，而且在摆放的时候注意距离的均等。这一次，他们成功了！

其他幼儿被小也与冉冉玩积木时"哗啦啦"的声音吸引，纷纷凑了过来，看到他们玩的游戏这么有趣，都想要参与进来。

于是，大家共同努力，你一个积木，我一个积木地摆放好。这次，大家没有按照既定的路线摆，而是随意地将积木一个接一个的排成不规则的形状。但是当大家摆完后推积木的时候发现，积木只有几个被推倒了，其他没有倒。

幼儿们又开始讨论倒掉的积木与没有倒掉的积木之间出现了什么问题，并探究如何开发新玩法可以使积木全部倒下。

乐乐对小也说："我们摆成一个圈吧！"

小也说："好，往这里摆就是圈了！"

幼儿们发现，无论把积木摆成什么形状，积木间都需要有一个连接的地方。如果摆放成一个半圆，再在旁边摆放成一条直线，那只能推两次。

幼儿们尝试在两个形状的积木中间连接一个积木，但是也没有成功。

大家多次尝试后发现，在一列积木的一端与另一列积木的一端摆放可以将两列积木连在一起的积木，就可以成功了。

幼儿们掌握了这个规律后，开始积极思考，将积木摆成各种图形，每一次都成功了。

幼儿们在新的玩法中得到了很大的满足。

掌握事物或者现象的规律可以推动游戏不断向更高水平发展，在更加富有探究性的探究行为中发展幼儿的动手能力与逻辑思维，可以帮助幼儿在累积丰富经验的基础上学会经验迁移，将学到的知识或者技能有效发挥在实际问题的解决当中，养成良好的学习品质，总结经验，学会举一反三。

随着加入游戏的幼儿越来越多，眼看一张桌子已经不够他们发挥了。于是，大家将两张桌子拼在了一起，合作想要将所有的积木块摆成一条直线。当大家将所有积木摆在桌子上后，发现桌子不够长。于是，他们让积木间的距离变得再短一些。新问题出现了，那就是积木间的距离变得过短，当后面的积木与前面的积木堆积到一定长度后，积木就不动了。

乐乐说："距离太近也不行，距离太远也不行。"

大家开始想要再拼一张桌子。

这时，菲菲说："我们把积木摆在地上吧！这样地方就能大些了。"

于是幼儿们将积木摆放到地上。

这一次，幼儿们事先研究好了积木间的距离，不太近也不太远。

把所有积木都摆完后，景象很壮观。

幼儿们期待着一次成功。

乐乐负责推，当他推完，只见积木一个挨着一个倒下去。

哗啦啦——

成功了，积木全部倒下了。

幼儿们兴奋地拍手叫好。

一连串的连锁反应，让幼儿们体验了游戏的乐趣与成功感。

但幼儿们并没有停止探索，他们讨论的范围越来越广，尝试的兴趣也越来越浓……

游戏中，幼儿间通过讨论与交流，不仅学会了倾听其他人的想法，而且学会了在此基础上融合自己的想法。这激励了幼儿大胆表达不同的意见，在思想碰撞的过程中，擦出不一样的火花。

推积木游戏看似简单，但在摆放与排列中，幼儿们发现了很多有层次性的问题，如对积木连锁反应的原理的探究、对积木发生连锁反应的规律的探究、对积木发生连锁反应的条件的探究。

随着游戏的不断深入，幼儿们探究的主题变得更加深刻，且在解决问题的过程中获得了成就感，进一步促进他们探究能力的提升。这说明，幼儿有能力对自己已有的经验进行加工、迁移，并用来解决新的问题，而在解决新的问题后又形成了新的经验，这种良性循环会促进幼儿的综合能力不断向更高水平发展。

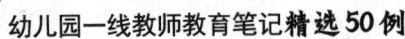

幼儿自主活动需要充分发挥自主性,需要让幼儿们自己发现问题、探讨问题出现的原因、找到解决问题的方法,这是一个完整的思考链条。教师需要给予幼儿充分的空间,在观察时如果发现幼儿对于问题的探究表现出比较积极的一面,那么要学会放手,让幼儿通过自己的思考发现问题的解决方法,这往往比教师直接教给他们解决方法更能提升幼儿的能力。

江苏省南京市江宁区禄口中心幼儿园　朱唯晶

小菜农

梓梓是班级里年龄比较小的幼儿，三岁三个月，是家中的"二宝"，有一个姐姐。

刚来幼儿园的时候，梓梓每天情绪都不好，会躲在午睡室哭上很久，上午的活动基本都是不参与的。

等到梓梓情绪稳定后，我才发现，她的语言发展非常好。她和老师、小朋友交往都能用完整的句子表达自己的想法，声音也比较响亮。梓梓思维的逻辑性也较强，在角色游戏中通常是游戏的主导者，能把生活经验很好地迁移到游戏中。

在生活中，梓梓和奶奶比较亲近，奶奶出门买菜都会带着梓梓。

这天来到幼儿园，班级里已经有了两位小朋友在娃娃家里。梓梓没有像她们一样到娃娃家里照顾宝宝，而是把手插在口袋里在班里溜达。

我走上前问："梓梓，你想要去哪里玩呀？"

梓梓害羞地笑了笑，摇摇头，没有说话。然后思考了一下，将放在角落里的超市货架摆到了教室的正中央，抬起头问我："我可以用这个吗？"

我笑着点点头："当然可以啦！"

梓梓开心地一蹦一跳跑到了建构区的材料架旁，拿了几块长方形的积木，然后整整齐齐地摆在了自制的货架上，往货架后面一坐，喊道："卖菜啦，卖菜啦！"

幼儿园一线教师教育笔记精选50例

梓梓的叫卖声很快吸引了娃娃家的"妈妈"和"姐姐",她们在梓梓的货架上挑好菜,梓梓拿出小秤把她们挑选的"菜"放在秤上称了一下,递给她们。

"妈妈"和"姐姐"把雪花片当作钱币递给了梓梓,梓梓开心极了。

过了一会儿,班级里又来了一位小朋友,他听到梓梓的叫卖声,立刻跑到了货架前,挑选了一会儿,梓梓将他挑好的"菜"称了一下,突然拍了一下头,然后跑到一边在找什么。寻找了一会儿,梓梓找到了一个计算器。梓梓在计算器上按了一会儿,说道:"五块钱!"小朋友付了"钱"准备走,梓梓把他叫住,拿了些"钱"找零。

从这次的游戏可以看出来,梓梓能很好地把生活经验迁移到游戏中去。她的思路非常清晰,目的性也比较强。在游戏中,梓梓通过吆喝的方式吸引顾客,能用完整的话和小顾客们交流,寻找的材料都能推动游戏的发展,还会随着游戏情节的发展产生更多新的想法,比如去寻找计算器帮小朋友算价格,还想到了给顾客找零钱!

梓梓的表现令我吃惊,毕竟她才三岁多。在交流分享的时候,我将梓梓玩游戏的视频放到了电视上,小朋友们都觉得很新奇。梓梓向大家简单介绍了蔬菜店,小朋友们表示很感兴趣,下次想到梓梓的店里来买菜。

下次游戏时,梓梓来的比较晚,小超市的货架已经有小朋友在玩了。于是梓梓搬起了小椅子,来到了娃娃家,扮演"姐姐"。她照顾了"宝宝"一会儿,把"宝宝"放在了床上,跑到我面前说:"老师!我要卖菜!"梓梓说完了看小超市的货架。

但是没有了货架怎么卖菜呢?

梓梓的小眼睛转了转,选择了一张报纸,把报纸铺在了班级正中央的空地上,然后跑到材料架上拿了一些"蔬菜"放在报纸上。她反复拿了好几趟。果果看到了,开始帮梓梓运蔬菜。蔬菜拿够了,梓梓往地上一坐,喊了起来:"卖菜啦,卖菜啦!"

果果立刻转变角色，走到梓梓的对面挑选起来，买了三棵蔬菜走了。

果果走后，梓梓觉得这样坐着有点累，跑去搬来了一把小椅子，继续卖菜。小朋友很快被吸引来了，纷纷要买她的菜。

过了一会儿，梓梓来找我要了一些塑料袋。每来一位小朋友，梓梓就会给她们一个塑料袋，方便顾客购物。她的生意红红火火。

在这次游戏中，能够助推梓梓进行游戏的"货架"被别的小朋友拿去玩了。但她并没有放弃自己的想法，而是创造性地通过"摆摊"来卖菜。不难看出，梓梓对"卖菜"的主题非常感兴趣。

后期我问梓梓怎么想到"摆摊"的，她说：我在菜场门口见到过有老奶奶这样卖菜。可见，梓梓能够灵活变通，能够选择相似度较高的替代物进行游戏。她也善于动脑筋，能够想到向顾客提供塑料袋方便购物。

在最后交流分享的时候，我和小朋友们分享了梓梓的游戏，鼓励大家学会经验迁移，创新游戏玩法，丰富游戏情节。

经过两个月的持续观察，我发现幼儿们的角色游戏水平有了很大提高。从刚开始只是单一的摆弄材料，到现在角色意识清晰，甚至还有新的主题生成，这是令人喜悦的收获。

从中我也得到了一些启发和思考：交流分享环节很有必要，不能玩一玩游戏就结束了。在交流分享环节，小朋友们会互相分享今天玩了什么游戏，有什么开心与不开心的事情。我也能更好地了解幼儿们的想法，帮他们找到解决问题的方法。

另外就是材料的支持，这一点也很重要。游戏中，幼儿们会有各种创造，这是无法预估的，教师投放的材料品种丰富、充足，才能使幼儿们的创造不断持续进行。

上海市松江区茸树幼儿园　胡云鹤

够葡萄

《3—6岁儿童学习与发展指南》（以下简称《指南》）中提出，幼儿园要重视幼儿的学习品质，要充分尊重和保护幼儿的好奇心和学习兴趣，帮助幼儿逐步养成积极主动、认真专注、不怕困难、敢于探究和尝试、乐于想象和创造等良好的学习品质。

每当我带幼儿外出散步时，他们总会去观察一下幼儿园葡萄架上果实的变化，等待着葡萄的成熟。

过了一个周末，葡萄架上有几颗葡萄熟了。

中午饭后散步时，梦梦惊喜地大喊了起来："大家快看，有好几个葡萄已经熟了，我们快够吧！"

几个幼儿围了过来。

"我好想吃呀！"

"我也是，我也是。"

"可是怎么够葡萄呢？"

……

幼儿们议论纷纷。

大家经过商量、讨论和探索之后，一致同意踩着轮胎去"够"葡萄。随后他们便进行了分工、合作，有的负责搬运，有的负责垒高，大家忙得不亦乐乎。当垒起两个轮胎后，问题出现了，由谁来"够"葡萄呢？大家开始商议。

鑫鑫说："先摞上轮胎，看谁高谁就能够到。"

梦梦说:"我高,我高,我最高。"

翔翔说:"凯凯最高,让凯凯够,对不对?"

凯凯边用手在两个人的头顶测量、对比,边说:"我高,我行。"

为了公平起见,由梦梦和凯凯以猜拳的办法来决定,最终梦梦获得了"够"葡萄的权利。

但是凯凯仍然没有放弃,开始自己寻找"够"葡萄的方式。

梦梦尝试了几次后还是够不到葡萄,建议在两个轮胎的基础上继续垒高,直到第四个。这时问题又出现了,轮胎的高度有了,小朋友的身高不够,怎么上去呢?

鑫鑫很坚定地说:"你使劲爬,我们往上推你。"

大家尝试了一下,梦梦不仅没有爬上去,反而将垒起来的轮胎给推倒了。梦梦一股不放弃的劲涌了上来,在大家的共同努力下,轮胎又一次垒起来了。

梦梦试了试还是爬不上去,说:"不行,再拿几个轮胎,我踩着上去。"

翔翔建议:"要不让凯凯试一下吧。"

这时小朋友们都去拿轮胎了,翔翔也跟着过去了,葡萄架下只剩下凯凯一个人。凯凯趁大家不在,尝试着往轮胎上爬。但是轮胎晃动得格外厉害,他感觉很害怕,不敢爬了,开始寻找其他"够"葡萄的办法。

梦梦他们每人滚回来了一个轮胎,而凯凯一边观察着梦梦的行动,一边寻找着自己"够"葡萄的方式。

翔翔说:"我们可以再摞起来一组矮的轮胎,就像楼梯一样,一会儿梦梦踩着矮的轮胎上去。"

两组轮胎搭好后,梦梦向上爬的时候轮胎开始晃动。

鑫鑫说:"哎呀,不行!这样容易摔着。"

翔翔说:"那怎么办呢?"

大家陷入了沉思。

熙熙说:"我觉得最底下应该放一个大一点的轮胎,最上面再放小的,要不然就容易晃。"

鑫鑫说:"还有就是,我们的轮胎也没有对整齐。"

泽泽说:"可以把周围放上一些轮胎。"

……

大家热闹地讨论着,而梦梦则不断扫视周围,有个拼装塑质积木的拱形桥吸引了她。于是梦梦惊喜地说:"我们可以踩着外面的那个红色的桥,我觉得那个应该不摇晃。"

幼儿们一致同意梦梦的办法。

大家把红色的桥运到葡萄架下,梦梦踩着拱形的桥,手扶轮胎晃晃悠悠地上去了。

幼儿们在四周放了一些比较大的轮胎进行加固。

梦梦在轮胎上站起来,伸了伸手没有够到,又试一次还是没有够到。

翔翔说:"梦梦,要不然换个人够吧!"

梦梦很坚定地回答:"不用!"

凯凯试探性地说了一句:"让我来!"

熙熙说:"凯凯,你太重了。"

鑫鑫鼓励梦梦:"加油,梦梦!"

梦梦站到了轮胎上,开始哆嗦着直起身子伸手去"够"葡萄,多次尝试后,还是够不到。

梦梦觉得轮胎的高度不够,再次指挥着大家:"还得挑一个轮胎。"

伟伟很配合地找来一个轮胎,大家一起将轮胎抬到了最上面,此时已经摞到了六个轮胎,更高了。

梦梦说:"哎呀,我上不去。"虽然有些害怕,但梦梦还是又尝试了一次。

翔翔说:"要不把这个轮胎拿下来吧!"

熙熙说："对呀，太高了。"

泽泽说："梦梦，你再站直一些，胳膊再伸长一点。"

梦梦听取了大家的建议，将最上面的轮胎拿了下去。此时的凯凯踩着拱形桥，尝试着从不同的角度去够葡萄，并观察着周围还有没有更好的机会。

因为垒起来的轮胎很不稳定，所以轮胎周围围上来了一圈小朋友帮忙扶着轮胎。

梦梦再一次站了起来，伸出了手，只差一点点了。

鑫鑫说："快了，加油！"

翔翔说："没关系，再来！"

"加油，加油，加油！"凯凯也被大家的努力感染了，停止了自己的行动，跟着一起喊加油。

梦梦再次伸手，终于够到葡萄了。

"啊啊！够到啦，够到啦！"幼儿们开心地欢呼着，但始终没有松开紧握轮胎的手，保护着梦梦的安全。

看到幼儿们取得成功，我衷心地感到高兴和欣慰，同时惊叹于他们遇到困难能够努力解决，不轻易放弃的行动力。

梦梦"够"下来的第一颗葡萄被离得最近的翔翔一下塞到了嘴里，逐渐熟练的梦梦又继续"够"到了第二颗、第三颗、第四颗……

"梦梦给我一颗。"

"给我一颗。"

"你都吃了两颗了。"

"我还没有呢。"

"呀，这葡萄怎么是酸的？"

"我的挺甜的。"

"梦梦，你太厉害啦！"

……

就这样，梦梦尽可能地考虑到了每一个同伴，将够下来的葡萄第

一时间分到他们的手中。

凯凯说:"梦梦,快看!那边还有好多,我们过去吧!"

梦梦说:"走,换个位置够!"

大家齐心协力挪位置,开始"够"更多的葡萄。

整个活动过程中,我始终以一个旁观者的身份进行观察。在陪伴幼儿们"够"葡萄的过程中,我不断反思、调整自己的状态,这对于我个人来说也是一种成长。幼儿自主学习的过程中,教师要站在不断提升的角度去考虑问题,站在儿童身心发展规律和学习特点的角度去提升幼儿的综合能力。让幼儿运用多种感官探究、交往和表现的机会多一些,幼儿们的自主性和创造性就会更充分一些。

在尝试"够"葡萄的行为、语言、心理状态以及与同伴互动的细节中,幼儿展现了一个真实、丰满的学习轨迹。最终,在大家的相互努力与配合下,幼儿"够"到了葡萄,不仅体验了成功,也体现了良好的学习品质与合作、分享的意识。

通过本次观察,我更加坚定了"放手"教育的魅力。放手让幼儿们变被动为主动,他们有目的性地去寻找结果并总结,通过亲自实践获得了经验,提高了能力。在"够"葡萄的过程中,大家在面对重重困难时,能够齐心协力共同挑战,同伴之间相互合作的能力也越来越强。

当然,放手并不是完全的放手。在幼儿经过不断的努力依然失败的情况下,教师可以适时地进行引导,帮助幼儿克服困难,体验成功感。

山东省莱州市金城镇公办中心幼儿园　赵晓

修秋千

幼儿们想玩秋千游戏。一到操场,泽泽和昕昕发现秋千连接支架的一根链条断了,这可怎么办?两人商量了一会儿,决定修秋千。可是秋千断开的地方这么高,要怎么修呢?两人从器械棚里搬了架人字梯支在秋千下方。

泽泽一手拿着秋千链条,一手扶着梯子往上爬。昕昕喊着:"我来,让我来。"

泽泽摇头喊道:"你不行,我先来。"

两人争抢之时,脚下的梯子开始轻微晃动。

泽泽先用两只手拿着链条一头的螺帽向秋千架上的螺丝按,接着用左手按在秋千架上,右手对准螺丝用大拇指逆时针拨动螺帽,其他四根手指向同方向转动,但没成功。泽泽对梯子下的昕昕喊:"你来,你来,我弄不好,你来。"说完,从梯子上跨下一步直接跳到了地面。

昕昕上了梯子后,试了试,也没有成功,对泽泽说:"我需要你再搬一个梯子过来。这个螺丝钉在动,你帮我按住这个螺丝,我一个人不行。"

泽泽又搬来一架梯子,爬上梯子用双手按住螺丝钉的顶端,昕昕双手捏着螺帽逆时针转动,但是试了几次依然没有成功。

昕昕说:"我不行,太重了,泽泽你来。"

两人交换了位置继续维修,这吸引了浩浩的注意。浩浩皱着眉看了看另一边未断开的秋千连接处。

昕昕对浩浩说:"我有办法了,浩浩你在下面转,我在上面转,这样一定可以。"

浩浩一只手扶着秋千架,另一只手顺时针转动螺丝,而昕昕握着螺帽逆时针转动,转了几圈后维修失败。

昕昕喊了一声"不行"后,把链条递给浩浩,然后从梯子上爬了下来。

浩浩接过链条爬上梯子尝试维修,依然失败了。

泽泽将梯子架在未断开的链条下,他一会儿踮起脚看看秋千架的上方,一会儿弯下腰低头看看秋千架的下方,突然大声喊:"哦!少了个零件,少了个圆片。"

这句话立刻吸引了在一旁维修的浩浩,浩浩凑近身子看去,秋千架下方螺丝螺帽的连接处有一枚圆片。浩浩说:"快点去找呀。"几人找了一大圈也没找到丢失的圆片,这时浩浩提议:"我们去找老师要一个新的来修吧。"

要到了新的圆片,三个人合力维修,经过几次尝试,终于把螺丝螺帽成功连在了一起,旁边围观的幼儿立刻欢呼起来。

这个案例中,刚开始维修秋千时,泽泽和昕昕发生了争吵。但他们在发现安全隐患时能够做出退让,说明他们具有了一定的目标意识。在维修秋千的过程中,两人轮流尝试转动螺丝螺帽,虽然一直没有成功,但是他们一直在坚持,一遍又一遍,还吸引了浩浩的加入。

维修秋千对幼儿来说是一项困难的任务,他们的不放弃,让我看到了可贵的精神。有时候成人也需要向幼儿学习。

当他们实在解决不了问题时,泽泽自发去观察没有断裂的链条,从而发现问题,这一点让人意外,也很让人惊喜。正是这样的突破,为后面解决问题做好了铺垫。

在游戏的过程中,幼儿体现出了较好的计划性,从游戏开始前遵循自己的游戏计划开展秋千游戏,到发现秋千链条断裂时,围绕秋千推进维修计划,再到秋千修理成功后重新进行秋千游戏,整个活动过程中幼儿都十分投入。

  作为教师，在保证安全的前提下要给予幼儿自由挑战困难的机会，幼儿会不断创造和收获成长。关于安全教育，教师可以在游戏结束后通过视频、照片等途径帮助幼儿回顾，通过讨论进行深入分析，帮助幼儿提炼游戏中需要注意的点，做好后续安全教育工作。

  教师也要聚焦工具的使用，后期可以通过谈话讨论、照片支持、视频采访、实物演示等方式帮助幼儿了解工具的作用与使用方法，为幼儿后期的游戏经验积累提供多元支持。

  在这次"秋千游戏"中，我们看到了幼儿能够勇敢无畏地面对困难，在冲突的解决中感受合作的魅力，同时关注到在他人遇到困难时，从话语和行动上展现温暖。小小的秋千不仅荡漾着幼儿们的智慧与冒险，更荡起了幼儿们美好纯真的童年。

浙江省海宁实验幼儿园教育集团文苑幼儿园 周怡濛

三只小猪

在一年一度的"世界读书日"来临之际,我园第十二届阅读节拉开了帷幕。班上小朋友每人都带来了一本绘本。借助幼儿们带来的资源,我每天都能和大家共同阅读。

其中《三只小猪》的故事十分吸引幼儿,总被要求反复阅读。可能是我夸张的语言、动作激起了幼儿的兴趣,幼儿们在听的过程中忍不住手舞足蹈,模仿起故事里的角色。

由此,不少幼儿提出要根据《三只小猪》的故事进行表演游戏。游戏开始前,在幼儿们商量分配角色时遇到了第一个问题:大家都想当猪老三。经过协商,最后剩余三位小朋友依然坚持要当猪老三。角色定不下来,游戏就不能开展。

依依建议说:"我们轮流来当猪老三吧。"

但炳炳和航航还在僵持着,其他幼儿开始催促。

航航说:"那我们'石头剪刀布',谁赢了谁当猪老三。"

炳炳同意了。

紧接着下一个问题又出现了:故事里只有五个角色,但是有八名幼儿想参与游戏。多出来三个小朋友没有角色,那这三个小朋友可以做些什么呢?

昊昊:"可以有两只狼啊。"

超超:"可以让没有角色的小朋友去猪妈妈家做客。"

玲玲:"也可以去帮助小猪们盖房子。"

角色就这样定下来了，幼儿们开始装扮自己。游戏终于可以开始了。由于对故事熟悉，游戏进行得很顺利。但是在结尾时，依依说："大灰狼被烧死的结局不好，大灰狼太可怜了。"

昊昊："我们换个结局吧。"

超超："那换成什么样的结局呢？"

航航说："我们可以做一个陷阱，大灰狼从烟囱里爬进来，我们就用铁笼子把它关起来。"

正正："关起来之后呢？"

航航："送到警察局去。"

大家都同意了这个新结局，并把这个新结局画进了游戏计划里。

这是幼儿们在游戏中的创造，他们认为原来的结局太残酷，对结局进行了改编，这是意外的收获。教师应对幼儿的游戏持一种欣赏的态度，不随意介入。我就是抱着欣赏的态度，从而收获了幼儿们的创造。

既然改变了结局，增设了警察局，那就需要增加警察的角色，这下子原先没有角色的小朋友可以扮演"警察"了。

那警察局是什么样的呢？警察的职责是什么？警察不出警的时候都在干什么？带着这些问题，幼儿们回家寻求家长的帮助，并用图画的形式记录下来。

第二天，角色很快就分配好了，恩恩和亮亮扮演警察。恩恩和亮亮用椅子围起来一个角落当作警察局，并用书壳做了个监控器。

游戏开始了。

航航和凡凡扮演"大灰狼"，躲在山洞附近暗中观察。

"猪妈妈"对着"三只小猪"说了开场白后，"三只小猪"开始搭建房子。房子搭建完后，"大灰狼"出场了。航航和凡凡张牙舞爪地向"三只小猪"的房子走去。

很快到了精彩的一幕。"猪老三"在朋友的帮助下抓住了"大灰狼"，并通知"警察"来抓捕。被抓去"警察局"的"大灰狼"认真悔过，"警察"将它们放了。于是，"大灰狼"帮助"三只小猪"重新把房子盖了起来。

游戏结束后，凡凡说"三只小猪"搭建房子太慢了，等得很无聊。贝贝说"三只小猪"搭建的房子太小了，一躲进去房子就倒了，根本不用"大灰狼"推。针对这两个问题，幼儿们共同商讨解决办法，寻找合适的材料代替。

幼儿的游戏建立在他们的兴趣点上，就会形成强大的内驱力，促使他们积极开动脑筋，主动利用身边的材料解决遇到的问题，促使他们将游戏进行到底，玩出花样，玩出水平。

下一次游戏时，幼儿们在角色分配上出现了很大分歧。先是贝贝和依依都要演"猪妈妈"，依依退让后，她和亮亮又都要演"猪老三"，导致"猪老大"无人扮演。

亮亮说："猪老大太弱了。"

这一次，幼儿们互不相让，互相较劲。表演游戏只得停下来。

于是，我不得不介入，组织幼儿开了一次讨论会：你最想演谁？为什么？

有的幼儿说想演猪妈妈，因为可以管着小猪们；有的说想演猪老三，因为他勇敢、聪明又勤劳；有的说想演大灰狼，因为可以去摧毁房子……就是没人说想演猪老大。

听了大家的讨论后，我又提出问题："如果你们都不想演猪老大，那我们这个故事中的主角没有了，游戏没有办法开展下去，怎么办呢？"

幼儿们听了都不说话。

"你们不想演猪老大，是因为它又弱又懒吗？"

"是。"幼儿们异口同声。

果真是这样，那问题就好解决了。

"上次扮演猪老大的昊昊，他跟猪老大一样又弱又懒吗？"我启发大家。

"昊昊是勇敢的小朋友。"

"昊昊助人为乐。"

"我们都喜欢昊昊。"

……

最后，我笑着总结："所以，是猪老大这个角色又弱又懒，而不是扮演这个角色的小朋友又弱又懒哦。"幼儿们似乎明白了，这只是游戏而已。这时就有小朋友举手说："老师，我来演猪老大。"于是，表演游戏顺利开展下去了。

在幼儿的游戏中，教师不是指挥者、导演者，应与幼儿平等相处。当幼儿的表现和预想的不一样时，既不要催促幼儿，也不要一味按计划走，要沉住气，静观其变。当游戏超出预期时，教师使用恰当的方法介入，与幼儿共同讨论，效果会更佳。

随着表演的向前推进，幼儿们的创造力得以被充分挖掘。例如，就三只小猪如何获得盖房子的材料问题，幼儿创编了稻田边割稻草的农民、森林伐木工人、建筑工人三个角色。还有幼儿提出，让小猪们盖房子太辛苦了，可以请其他小动物来帮忙，于是又产生了小白兔和小松鼠两个角色。大灰狼还自编了"小猪快出来，春天到了，我们一起去挖竹笋吧"的应景语句试图将小猪骗出房子来。这一切都展现了幼儿惊人的想象力和创造能力。

纵观整个课程，我相信幼儿的能力。由此出发，我持续观察、解读幼儿的游戏行为，不干扰他们的游戏思路和进程。在分享互动时，我运用游戏中的照片和视频，辅助他们反思自己在游戏过程中遇到的问题，并在游戏最后填写游戏评价记录表。这样，幼儿不仅能明确自己的优势，也能生成新的经验，还能清晰地认识到自己在合作游戏中的作用和影响。

湖北省咸宁市直属机关幼儿园　郑杜鹃

幼儿们的服务区

新的学期开始了,天气暖和起来,太阳高高挂,晒在身上还有点热呢。

晨锻活动中幼儿们开开心心地玩起来,没过一会儿一个个就满脸通红、满身是汗。晨锻结束后,小朋友们排队回班,突然发现晨晨不见了!我们着急地找啊找,怎么也找不到他。

一个小朋友指着操场一角的轮胎和彩虹伞说:"老师,还有东西没收好,我去收!"于是他跑了过去掀开盖在轮胎上的彩虹伞,一看,晨晨居然舒舒服服地蜷在轮胎圈里半眯着眼睛快要睡着的样子。

晨晨揉了揉眼睛,迷迷糊糊地说:"咦,我怎么在自己的小窝里睡着了?"

"小窝?"我疑惑地问晨晨。

晨晨答道:"我玩得太累了,所以坐到轮胎里休息,这里就像我的小家一样。但是太阳太刺眼了,晒在身上不舒服,彩虹伞就像我的被子一样。这里不止有我呀,还有小哼和权权……"

这时,几个小朋友叽叽喳喳地讲起来。权权说:"我们刚刚在轮胎里休息了!"小哼说:"是呀,轮胎里就像我们的家一样。我是他邻居,我们在躲太阳,彩虹伞就是我们的遮阳伞。"

我下意识地环顾四周,空空的操场确实没有一个适合休息的地方。因为需要所以创造,于是幼儿自创了一个带"遮阳伞"的休息区,暂且称呼它为"轮胎之家"吧。

"轮胎之家"也引起了其他小朋友的兴趣。在接下来温度持续上升的几天,越来越多的小朋友模仿晨晨坐在轮胎里休息,他们自己圈出一块休息区,几个小朋友撑开彩虹伞把自己盖得严严实实,偶尔闷了就探出头来透透气。还有小朋友自发当起快递员,帮助休息区的小朋友递送水杯,好不热闹。

"轮胎之家"一下在班级"火"起来,也成为了幼儿们最近聊天的主要内容。

"我今天没抢到轮胎,明天也想在轮胎里休息。"

"我也要跟我的好朋友当邻居。"

"可是我觉得遮阳伞盖在身上好闷哦,我都看不见老师了。"

"遮阳伞不是举起来的伞吗?"

……

听着幼儿们的聊天,他们似乎并不满足于现在的"轮胎之家"。于是,在次日的晨谈活动中,我和幼儿聊到了这个话题。大家纷纷诉说着自己的苦恼,我立刻开展调查,请幼儿画一画自己的问题。通过整理,我发现幼儿们提出的问题主要集中在遮阳伞太闷了这一点。

针对这个问题,我引导幼儿们展开了讨论。晨晨立刻举起手来:"我们可以有专门的人把彩虹伞举起来,这样它就可以立起来挡太阳啦!"于是我们一起来到操场,四个小朋友一人站一个角把太阳伞举过头顶,其他小朋友纷纷躲进彩虹伞下。可没过一会儿,晨晨便苦着脸说:"不行,我手太酸了,我举不动了。"这个方法太"费"幼儿了,我们宣告它失败。

大家陷入了沉思。哲哲突然指着旁边正在晨锻的班级叫起来:"你们看他们班的跨栏,我们可以用那个棍子!"说着,哲哲去柜子里拿了四个障碍桶和杆,把杆竖起来插在障碍桶上,然后把彩虹伞的四个角支在上面,一旁的轩轩帮忙固定。他们把跨栏和障碍桶变成支架,把遮阳伞高高地支起来了!

其他小朋友也不闲着,一起把轮胎滚到遮阳伞下面。晨晨先跑过去试了试,摇晃着小脑袋直夸赞:"这个好,这个好!"高高挂起的遮阳伞和舒适的轮胎休息椅,吸引了更多的幼儿,就连隔壁班的幼儿都跑过来瞧瞧、坐坐。

小小的休息区来了好多人,遮阳伞一下倒塌了。几个小朋友又重新搭建,用轮胎和大积木固定支架,在遮阳伞的中间也支起支架,让遮阳伞更加稳固。

晨晨拿来平时用来搭独木桥的巨大塑料积木,拼搭成小凳子、带扶手的小沙发,这里变得更热闹了。休息区成了幼儿们晨锻时最喜欢的地方。

可是,他们又发现了问题,就是喝水的时候有的小朋友没有带水杯,可是真的很渴怎么办?小朋友把问题反映给了班级里的三位老师,保育老师向幼儿伸出了援手:"我可以把水桶带下去,还有一次性纸杯。"正好今天晨晨是值日生,他高高举起手:"我们值日生负责给小朋友倒水!"

随着休息区越来越丰富,每天的晨锻都有专门负责搭建遮阳伞的、搬轮胎沙发的、拼搭积木沙发的、负责倒水的、负责清理垃圾的,慢慢又出现了招揽生意的、收门票的小朋友。越发热闹的休息区凝聚了我们全班小朋友的智慧。

最后,在部分小朋友的讨论和交流中,他们觉得这里和爸爸们开车停过的"服务区"很像,于是休息区摇身一变变成"服务区"了!

《幼儿园教育指导纲要(试行)》(以下简称《纲要》)明确指出:"幼儿园的空间、设施、活动材料和常规要求等应有利于引发、支持幼儿的游戏和各种探索活动,有利于引发、支持与周围环境之间积极的相互作用。"材料作为幼儿教育的重要依托,是幼儿获得相关经验、增长知识、发展各种能力的物质基础。

在晨锻活动中,幼儿园的操场是固定性环境,当幼儿在空旷的操场上因炎热而想到要太阳伞和休息区时,他们根据需要引发了探索和创造行为,将晨锻器械进行"再创造",将"固定性环境"转变为

"再创造环境",这对拓展幼儿的认知及思维具有不可低估的作用。

在户外活动中,晨锻器械作为幼儿主要的学习资源,应符合幼儿的年龄特点,具备教学性、启发性、艺术性、创造性、操作性和实用性等特点,具备一物多玩、玩法多样、可变性强等潜质。晨锻器械不仅仅可以锻炼幼儿的身体,更应该方便幼儿自主操作材料,让幼儿能够大胆创造出不同的玩法,培养思维能力。

教师在教育过程中的角色不仅仅是知识的传递者,而应该是幼儿学习活动的观察者、支持者、合作者、引导者。当幼儿遇到困难时,等一等再等一等,不要急着主动出击,做到该"装傻"时就"装傻",培养幼儿不依赖成人、独立思考和解决问题的能力。教师要给予幼儿充分的思考问题的时间,让幼儿形成主人翁意识和自我服务意识。

随着天气越来越热,"服务区"又变换了新的内容:

涵涵:"这天也太热了吧,我都汗湿了。"

玲玲:"我水都喝完了,好想吃冰淇淋啊!"

璐璐:"我也好想吃啊,我家有好多冷饮。"

玲玲:"老师,下次带点冰淇淋来吃吧,真的太热了。"

依依:"我们可以自己做啊。"

玲玲:"我不会做。"

依依:"我会做,我妈妈教过我!"

璐璐:"那太好了,你教我们吧。"

依依:"好的呀,我回家让妈妈再教我一下,我就来幼儿园教小朋友。"

……

就这样,随着幼儿的交谈、兴趣和需要的发展,"服务区"的故事也不断深入。

江苏省南京市栖霞区西岗幼儿园仙林湖园　蔡玮

沙池里的小小工匠

沙池游戏一直是幼儿们喜欢玩的游戏。

最近,我们开展了给沙子寻找好朋友的活动。有的幼儿拿来铲子玩挖沙游戏,有的幼儿拿来容器盛沙玩过家家的游戏,有的幼儿拿来模具玩起沙滩游戏,还有很多幼儿忙着搬水来活动区。我好奇他们搬水的原因,问:"你们弄水干什么呢?"

昊昊说:"老师,我们正在盖城堡,需要好多水泥,我们在加工水泥。"

我吃了一惊,他们竟然联想到了"水泥"。

于是,我认真观察他们的创造。晰晰和佳佳往管子里倒水,昊昊往管子里装沙。水泥做好了,昊昊和晰晰一起抬着一盆水泥去送给建城堡的小朋友,但两人没抬动。

昊昊说:"水泥太沉啦,我们换个东西盛吧!"昊昊转了一圈,发现佳佳正拿着提水的小桶,就用它吧。昊昊用小桶开始装沙,然后给盖城堡的小伙伴们送过去。

本次游戏结束后,我请昊昊分享自己的游戏,并提出过程中遇到的问题,大家进行讨论、交流。昊昊的分享结束后,我对他的创造进行了表扬,大家也很认可。

到了建城堡的小朋友分享时,有人提出水泥里有很多大小不一的小石子,导致用水泥黏住的积木块不稳固,容易倾斜、倒塌。这个问题引起了大家的注意。

后来再开展沙池游戏时，昊昊找来了筛沙专用工具——筛子，尝试筛沙。但是昊昊筛了一会儿就感觉很累，于是他叫来晰晰一起筛沙子。这时，依依拿来渔网，建议昊昊试试这个。于是，昊昊用渔网装上湿沙开始筛起来。

昊昊说："这次装的沙子好沉呀，沙子咋不往下漏呢？"晰晰过来和昊昊一起筛沙子，使劲摇晃渔网，但是沙子怎么都不漏下去。在观察、思考和讨论后，晰晰抬着渔网，昊昊用手使劲抓渔网里的湿沙，沙子开始一点点往下漏了……这次的水泥质量较好，没有了小石子。

"小小工匠们"继续建筑自己的城堡，但是垒着垒着积木块开始来回摇晃。超超问辰辰："积木块为什么来回摇晃？你的水泥铺好了吗？"辰辰立刻取下最上面的积木块，检查铺的水泥。一看，铺的水泥中间高，边上低。辰辰重新把水泥铺平整，放上积木块，这次垒的墙牢固了。

没一会儿，城堡建好了。超超寻找软管子要给城堡做地上通道。他先是把地上通道的入口安好，然后寻找出口，弄好后，说这个通道是地下隧道。

铺好隧道，昊昊看到管子露在外边，说："这样很容易弄坏，我们用沙子把它盖上吧。"把所有的管子盖上后，幼儿们又用手把管子好好地拍了拍。城堡外的地下隧道建好后，佳佳说："我们给城堡垒上围栏吧，要不然小朋友会把城堡弄坏。"于是他们开始垒围栏，旁边的昊昊则盖起了居民楼。然后小朋友们又建了许多城堡。

玲玲说："城堡里的小动物要出去玩，没有马路怎么出去呢？"

小伙伴们说："我们现在就来铺马路吧！"铺着铺着，小丁说："马路是断开的，汽车没法在马路上走，我们把这些断开的地方接好吧。"一旁的昊昊听到说："我们用水泥去修吧。"马路修完后，昊昊沿着马路走起来，发现马路不平稳，喊上大家赶紧修复。

在修复马路的过程中，正正又发现问题："马路穿过了围墙，这是不对的。"小丁说："可以建个高架桥。"他们取来了长木板从一边搭到围墙上，另一边也选了一块长木板搭上去，可刚搭上，就掉下来了。小丁又取了一块三角形木块想再试试。

玲玲说："这样小汽车没法下来，这样不行。"小丁重新取回了长木板搭上去，发现长木板还是掉。超超拿来水泥稳固，长木板不掉了，接着他还把接口处用水泥修好。高架桥建好啦！大家开始玩开汽车游戏。

幼儿们的沙池游戏活动，从"小小工匠"初次制作水泥、筛沙子、盖城堡延伸至铺马路和建高架桥，整个过程中幼儿们自主观察、寻找发现点，不断发现问题、解决问题，在已有经验的基础上产生新思考，使游戏越来越精彩。

在铺马路的游戏过程中，幼儿们发现马路铺到墙外是不合理的，根据日常生活经验想到建设高架桥，学会了经验迁移。而在建设高架桥的过程中，幼儿们用长木板、三角形木板一次次进行尝试，还想到用水泥加固起稳定作用，整个过程中幼儿们积极尝试与挑战、坚持不懈地做事情，培养了良好的学习品质。

游戏中，幼儿的自主选择、操作，发现问题，讨论与解决问题，再加上幼儿生活经验的迁移、根据游戏实际情况进行的联想和创造，都在不断丰富着游戏内容。幼儿在这样的游戏氛围下，自主、投入、愉悦，各方面的能力都得到了较好的锻炼和提升。

我静心观察，边用心记录与思考，边关注幼儿需求，与幼儿一起体验了一次畅快之旅。

山东省淄博师范高等专科学校附属幼儿园　韦国芳

花轿趣事

"抬花轿"是我国民间游戏,有趣好玩,在幼儿园也深受幼儿的喜爱。"抬花轿"游戏,不仅锻炼了幼儿们的协作能力、手臂力量和平衡能力,培养了幼儿的合作意识,而且在有趣的游戏情节中提高了幼儿的交往能力。

户外游戏时间到了,六名小朋友争先恐后地争抢"新娘"的角色,使劲往轿子里挤,还有小朋友往外拽坐上去的小朋友,互不相让。

瑶瑶怎么也挤不进去,便哭了起来,边哭边用眼睛偷偷地瞄我,不知如何是好。见我没有反应,瑶瑶便走过来说:"老师,我想当新娘,可是我挤不进去。"我轻轻拉着她的手,走到争抢的小朋友旁边问道:"孩子们,我知道你们都想当新娘,可是新娘只有一个,你们有什么好办法吗?"

伊伊想了想,转身对其他幼儿说:"我们轮流当新娘吧!"

几个幼儿围在一起,用"手心手背"来确定谁当"新娘",但好几次都没定下来,总是出现同样的手势。

伊伊说:"咱们点豆豆吧!"

小冉连续两次被点到当"新娘",其他的小朋友还没有机会。

玲玲说:"不能一个人连续当新娘!"

大家采取了玲玲的建议,让每个人都有轮流当"新娘"的机会。

争抢角色、互不相让,以哭为手段寻求帮助等是小班幼儿在游戏过程中较为常见的行为，这是由小班幼儿的年龄特点和发展水平决定的。小班的幼儿生活经验有限，规则意识比较差，因此在游戏参与人数较多时，会以自我为中心。教师不应直接介入冲突，而应引导幼儿自己想办法解决问题。幼儿会调动原有的经验，通过协商来解决。

随着游戏主题的深入，有一天，我发现"迎亲队伍"变得很壮观。有的小朋友在假装吹唢呐，有的在敲锣打鼓……在他们的对话中我了解到，原来是瑞瑞看了《老鼠嫁女》绘本，绘本故事中有壮观的送亲队伍，于是他们便进行模仿，升级了"抬花轿"游戏。这让我意识到，幼儿们的学习无时无刻不在进行。

瑞瑞能把自己生活中的经验迁移到游戏之中，让游戏和故事产生联动，使游戏情节变得更加有趣、更具吸引力，也使同伴之间的交往能力得到提升，促进了幼儿社会性的发展。

接着，幼儿们又上演了好玩的"你追我赶"游戏片段。这源于涵涵不想做瑶瑶的"新郎"，于是通过"你追我赶"游戏，决定如果"新娘"抓到"新郎"则要配合玩"抬花轿"游戏。幼儿们通过自己的方法顺利推进了游戏进程。

一段时间后，当大家对"你追我赶"的游戏失去了兴趣时，伴随着新的玩伴加入，游戏内容又出现了变化。"新娘"被"新郎"抬回家后，大家一起玩起了"过家家"游戏。

由于幼儿们玩过"娃娃家"游戏，所以"过家家"游戏开展起来并不难。"新郎"变成了"爸爸"，"新娘"变成了"妈妈"，后来还有了"小宝宝"。

"宝宝饿了，我们喂他吃什么？"扮演"妈妈"的园园问扮演"爸爸"的壮壮。

"我去菜地摘果子吃，你在家好好看宝宝！"壮壮说。壮壮跑到旁边的小菜地捡了一些树叶，匆匆地跑回家里。

"爸爸好厉害呀，帮我们找了好多果子和饼，还有巧克力和小蛋糕。"园园指着那些干树叶说。

壮壮说:"我再给宝宝炒一个青菜。"

园园:"对,青菜有营养。"

角色游戏能够唤起幼儿的游戏兴趣,活跃其创造性思维,是幼儿感受、再现和建构生活相关经验的一个重要途径。小班幼儿喜欢角色游戏,不经意间就会利用身边的材料玩起来。他们没有经过事先商量,彼此之间很快就会对游戏主题、游戏角色、游戏情节等形成默契。

园园和壮壮转换思维,对"抬花轿"游戏进行延伸,玩起"过家家"游戏,是经验的迁移和创造。他们愉快地扮演着喜欢的角色,享受着忙忙碌碌的快乐,游戏情节虽然简单,却反映了他们对周围环境中的人或事的观察和理解。

原本,"抬花轿"是一个简单有趣的游戏,幼儿们通过创造和延伸,使简单的游戏变得丰富,从而获得成就感。各个游戏片段看似随意、结构松散,但幼儿有着最真实的表现,他们碰到问题、解决问题,整个过程蕴含了丰富的学习机会和发展价值。

在幼儿游戏的过程中,我不断追随幼儿的脚步,记录下一个个精彩的瞬间,留下一笔笔宝贵的教育资源,同时也给予了我启示:游戏中,教师应作为一个观察者、引导者和鼓励者,来支持幼儿自主游戏的开展。当幼儿遇到困难和问题时,教师不要急于介入,而要给幼儿留出时间和空间,鼓励幼儿通过充分的讨论、交流、探索、操作,尽可能地让他们自己解决问题。同时,教师可以适时地加入到幼儿的游戏过程中去,成为幼儿讨论、交流、探索、操作的游戏伙伴。

游戏时,幼儿参与游戏的方式以及能否遵守游戏规则,都会成为幼儿是否能够愉快进行游戏的关键。在发生矛盾时,教师应及时引导幼儿解决矛盾,促进幼儿交往能力的提升,并推动游戏向前发展。

教师要始终站在幼儿的角度,关注游戏的进程,有效引导幼儿将多种经验迁移到游戏中,帮助幼儿运用已有经验来思考、解决实际问题,丰富游戏内容。

游戏后的交流分享环节也应重视,相互学习交流可以让幼儿进一步体会游戏的快乐、合作的愉快、成功的欣喜,并促进幼儿口语表达能力的提升。

在后续的游戏中,我会丰富幼儿的生活经验,加深他们对周围生活的理解和印象,拓宽游戏内容的来源,让幼儿们的游戏来源于生活又高于生活。我也会提供适合的场所、设备及丰富的玩具、游戏材料,为幼儿开展游戏创造物质条件,尽可能地让幼儿参与到游戏场地的布置、玩具和游戏材料的制作和选择中来,充分发挥幼儿的主动性。

游戏能够激发幼儿的兴趣,在游戏的过程中,幼儿是快乐的、投入的,他们愿意去挑战问题、解决问题,获得发展。

游戏中,教师应是耐心的、专注的,教师不断地观察与支持幼儿的游戏,幼儿就会有所收获。

山东省邹平市青阳镇中心幼儿园　董婷　杨晓梅

"筷"乐测量

我们班有一对特殊的双胞胎兄弟,他俩的午餐和用餐工具都是自带的。这学期开始,兄弟俩带了各种筷子来用餐,其他幼儿看见了,也纷纷对筷子产生了兴趣。

有一次自主活动时,慕慕来到钢琴边,拿起篮子中的筷子,在钢琴上摆弄着。

"慕慕,你在干吗?"我问道。

"我在量钢琴啊。"

"你是怎么量的呢?"

"像这样子,把筷子一根一根的连起来,然后数数有几根筷子就知道了。"慕慕将两根筷子首尾相连,交替着向上移动。

帅帅说:"老师我不会量啊,我没量过。"

幼儿的测量经验和测量水平有所不同,通过讨论,幼儿之间分享了测量经验,互相学习。

他们拿上筷子开始在教室内的各个角落进行测量,有的测桌子的高度,有的测椅子,还有的测小床,等等。他们测量的方法也各不相同,有一一摆放法,有首尾相连交替法,有做记号法……

东东笑着跑过来说道:"老师,这个黑板有6根筷子那么高呢。"

"老师,我们的桌子有5根筷子那么长。窗户更长,有10根筷子呢。"凯凯也在一旁大声地说道。

正当大家介绍着自己的测量结果时,梦梦走过来,轻轻地说道:

"老师，我想知道这个门有多高，可是我量不到。"

文文："要不跳起来测测看。"

"要不搬个小桶来吧。"孜孜建议道。

浩浩："可以搬桌子，桌子高啊。"

东东："可以搬那个大椅子爬上去啊。"

幼儿们的想法有很多。

茜茜把小桶一个一个往上叠，三个小桶的高度还是够不着。

"你多拿几双筷子。"一旁的东东建议道。茜茜试了试还是不行。

茜茜和东东又拖来附近的桌子，这一次，筷子终于测到了最高点，茜茜露出了笑容。

梦梦见到茜茜成功了，笑着说："我还想试试椅子。"

一旁的曦曦听见了，赶忙把午睡室里的椅子搬过来，说道："这个椅子最高了，你试试看。"

梦梦从最下面往上挪动筷子，每量一次，就用一个手指头做标记，当量到身高极限时，她站到椅子上开始测，但是差一点点。

曦曦说："我比你高，我来试试看。"

曦曦一步步地往上测，这一次终于将筷子测到了最高点。

"是9根。"曦曦对梦梦喊道。

"好的，那我记一下。"梦梦开始在纸上记录，只见她先画了一扇门，又在旁边画了9个点点。

梦梦测量完门后，又来到桌子边，和浩浩一起测量桌子的宽度。

"梦梦，刚才那个门你是怎么写的啊？"

"我是画点点的呀。"

"那半根筷子怎么记啊？"

"要不画半个点点。"梦梦想了一会儿回答道。

"那行。"于是浩浩在纸上画了个黑色的半圆。

因为幼儿的记录水平、记录经验不同，所以对于半根筷子的记录方式也表现的不同，浩浩因为没有经验所以向一旁的梦梦求助。我相信还有一些幼儿也面临着这种情况：不知道如何记录半根筷子的数量。于是，我认真观察了一下其他幼儿的记录方法。

东东是通过写数字记录，一根筷子写数字"1"，半根筷子都打叉号，因为他觉得半根筷子无法作为计量单位。小榆是把一根筷子画长一点，半根筷子画短一点。从他们的记录中，我看出幼儿们掌握了多种不同的记录方式。

在整个测量过程中，我一直是一位观察者和引导者。幼儿们在游戏中表现得自主、积极。测量结束后，他们还一起交流讨论自己的测量发现。

东东："黑板有6根筷子那么长。"

航航："我量的黑板有16根筷子那么长。"

悦悦："桌子有6根筷子那么长。"

萱萱："我量出来桌子有8根筷子那么长。"

……

测量同样的物体，但是测量结果却不一样，怎么回事？幼儿们积极寻找原因，发现：萱萱和悦悦量的桌子是不一样的两个边，一个边长一个边短。航航与东东测量黑板的长度不一样则是因为他们所使用的筷子长短不一样。查找完原因，大家放了心。

东东提醒大家："量的时候一定要做标记，手不能动，我觉得可以像梦梦那样量一次做一个记号。"

浩浩："还可以用笔画记号。"

珊珊："记号笔画在我们的桌子上、柜子上擦不掉，不美观啊。"

"那可以用铅笔，铅笔可以擦掉。"

珊珊："可以贴一个贴纸做标记。"

萱萱："还有两个人比的时候要用一样长的筷子，这样才公平。"

……

接下来，幼儿们将班里收集的筷子进行分类整理，做标记。

幼儿热衷于测量，但测量工具不局限于筷子。一次餐后活动时，典典将一根根吸管连接起来，直到和柜子一样长。他使用了不一样的测量工具！这是个不错的想法。典典的做法激活了其他幼儿的想法。

萱萱："老师，水管也可以。"

小榆："毛巾也可以。"

玲玲："积木也可以。"

……

单一的筷子测量法已经不能满足幼儿的测量需求和兴趣了，他们开始探索新的材料，开启新的探究。

整个活动都是幼儿自主探究学习的过程。他们在测量的过程中发现问题，通过交流方法，达到解决问题的目的，是一个深度探究的学习过程。在科学探究方面，幼儿能动手动脑探索筷子和物品，并乐在其中；能在测量中观察比较，发现筷子长短对物品长度测量的影响。

在数学认知方面，幼儿能通过数数比较两组物体的多少，能感知和区分物体的长短、高矮、粗细等。测量游戏培养了幼儿的数学思维能力，看似抽象的测量在幼儿们的眼中变得生动有趣。

在人际交往方面，幼儿能在一起搬小桶、搬椅子、搬桌子等行为中，相互合作，交流经验，一起挑战有一定难度的活动和任务。

教育起始于生活，一次小小的发现就能引发幼儿们的探索愿望，可见生活中处处是教育。在探究的过程中，如何从教师主导到以幼儿为主体呢？我们需要问自己四个重要的问题，"儿童的兴趣在哪里""儿童的经验和价值是什么""如何支持儿童探索""收获是什么"。本次活动中，我关注到幼儿对于测量的兴趣，从刚开始的随意观察，到后面有意识、有目的观察。在读懂幼儿的同时我自己也在反思，"一日活动皆课程"，我们要有一双会捕捉幼儿精彩瞬间的慧眼，善于发现幼儿感兴趣的事物、幼儿们的兴趣点和学习需求，积极支持和鼓励幼儿进行学习探究，满足幼儿的求知欲和探究欲。

浙江省海宁市许村镇庄湾幼儿园　王新霞

滚动的球

早晨入园时,乐乐从家里带来了一个弹力球,引起了很多幼儿的兴趣。滨滨和涵涵还有其他几个男孩儿一直围着乐乐玩弹力小球。

乐乐说:"你看,我这个小球不仅滚得比较远,还能弹起来。"

涵涵一脸羡慕地说:"真好玩。"

滨滨说:"我爸爸打的乒乓球也会弹得很高。"

我看幼儿们这么喜欢,就从抽屉里找出几个玻璃球、橡皮球、乒乓球投放在科学区。几个幼儿看到小球后很开心,滨滨还用纸板做了一个拍子拍乒乓球。

乐乐突然喊起来:"你们快看!"大家被乐乐吸引了过去。

乐乐把橡胶小球放在竹筒里,只要一倾斜就可以把球滚出去。其他幼儿把竹筒放在桌子上,小球从桌子上弹跳到地上,滚出很远。幼儿们重复试验,乐此不疲。

幼儿们一会儿用玻璃球,一会儿用橡胶球,一会儿用乒乓球,很快他们就发现了问题:"老师,这些球都滚得很远,每个球都是滚到墙边才停下呢。"

我看了看,发现是球离墙角太近了,正准备想办法。

月月说:"咱们比一比哪种球滚得比较快。"

于是,乐乐先拿起了乒乓球,又试了玻璃球,最后是橡皮球。但是大家无法判断哪种球滚得比较快。

这时候滨滨想出来一个好主意:"我爸爸赛跑的时候用秒表来看

时间。"大家一致同意用这个办法,并推举我来计时。我就用手机的秒表给幼儿们计时,看看哪种球滚到墙边用时最少。

玩完这个游戏,大家意犹未尽。连续几天,幼儿们对球的兴趣还是很高。他们挑出几个不同颜色的玻璃球,在地上滚着玩。

乐乐说:"玻璃球滚的时候,中间的红色看起来也像一个球呢!"

涵涵说:"不对,我觉得像是一条小鱼在游泳。"

滨滨说:"我觉得玻璃球中间的颜色慢的时候像小鱼,快的时候就像一个球。"

这时候,涵涵玩的玻璃球滚到了柜子下面,他费了很大劲才把玻璃球拿出来。而凯凯则把玻璃球放在一个大纸盒里,不管怎么滚来滚去,玻璃球都不会跑到外面。这个发现让幼儿很开心。他们把几个球放在盒子里,观察玻璃球在翻滚过程中的色彩变化。

凯凯说:"球滚得快的时候里面的颜色就像一个球呢!"

滨滨说:"越快越好玩!"

玩了一会儿,幼儿们的兴趣有所降低。我找了几根吸管,引导幼儿来做轨道。幼儿们很喜欢这个新增加的设置,反复晃动纸盒,观察玻璃球的变化,并通过动作控制,让玻璃球按照既定轨道滚动。

滨滨开心地说:"老师,这个太好玩了!"

接下来几天,我设计了一个垂直的轨道玩具放在科学区。这个轨道玩具引起了小朋友们的注意,他们先是平着放,然后是竖着放,试了好多次仍不能让球顺利滚动。

大家都来做尝试。他们平着放纸盒,把塑料球塞进去以后发现球很难滚动,并且球的滚动轨迹很短。接着,他们把纸盒倾斜,看到球滚动起来了,但是效果并不好,而且也不太容易实现滚动。然后,他们把盒子竖起来,一只手支撑,发现这样就好多了。于是幼儿们把纸盒竖起来放在桌子上,再把塑料球放在顶端,这样塑料球可以顺着管道滑落,但是却不能按照既定轨道滚动。他们反复尝试了好几次,球还是不能按照轨道滚动,于是向我求助。我让他们观察轨道的角度和位置。他们整理了一下硬纸板的位置，再次尝试的时候就成功了，开心地发出了欢呼。

《指南》科学领域中提出："幼儿科学学习的核心是激发探究兴趣，体验探究过程，发展初步的探究能力。"幼儿的科学学习是在探究具体事物和解决实际问题中，尝试发现事物之间的异同和联系的过程。教师在活动中要充分尊重幼儿的兴趣与前期的知识和经验，及时提供支持，引导幼儿去探索，然后通过观察、解读幼儿的行为，来捕捉幼儿感兴趣的、有价值的内容，并从幼儿的基本经验出发提供材料、启发引导，让幼儿进行探索活动。

由一个弹力球引发的系列活动，得到了我的有效支持和引导。我在科学区提供了各种球和材料，引导幼儿自主探索小球滚动的路线、轨道和摩擦以及重力等的关系，根据幼儿的需要及时提供低结构材料：小球，各种纸板、纸盒、塑料管、吸管等。然后通过适宜的方法引导幼儿进行主动探索，培养他们观察和探究的兴趣。从小球在单一轨道滚动到平面迂回滚动，然后到垂直滚动，从前期经验的建构到后期的进一步探索，幼儿获得了有效的直接经验，引发了他们在生活中主动探索的兴趣。

幼儿在这一系列的探索过程中，依托材料和支架式引导，探索不同材质和不同大小的小球的滚动，激发了探索欲望和兴趣。幼儿在探索活动中观察、体验、思考，为后期对科学的进一步探究打下了良好的基础。作为教师，要根据幼儿的兴趣点引导幼儿进行探索，在过程中先观察幼儿的行为，然后根据幼儿的兴趣和前期经验适宜地进行引导，让幼儿能够在已有经验的基础上进一步探索，从而实现全面发展。

山东省烟台经济技术开发区海河幼儿园　李向荣

幼儿园一线教师教育笔记精选50例

快乐建构

恐龙对幼儿们充满了吸引力和神秘感,一谈到恐龙,他们就会很兴奋。

在探究、认识恐龙的过程中,幼儿们结合兴趣,在"快乐建构"这个区域展开了一系列关于"恐龙"的建构活动,他们对呈现各种各样的"恐龙"念念不忘,发挥着自己的创造力和搭建技巧。

"恐龙"来了

混班游戏开始了,来建构区的几个幼儿根据已有经验,开始了搭建"恐龙"之旅。

洋洋和小远想合作搭建一只恐龙。

"你需要什么积木,我去给你拿吧!"小远说。

"我需要半圆形、长方形、正方形积木,我想搭一只长颈龙。"洋洋说。

"长颈龙是什么?"小远有些不解。

"不是有长颈鹿吗?脖子长长的恐龙应该就是长颈龙吧!"洋洋自己给恐龙起了个名字。

小远按照洋洋的要求去取积木。取完积木后,两人开始搭建。

"恐龙要站起来的话,我觉得它的四肢很重要,小远你来搭四肢吧,先搭腿。"洋洋说。

小远点点头。小远搭建好四肢,洋洋用长方形的积木在四肢上用平铺的方法搭恐龙的身体，还有脖子、头，不一会儿就搭完了。接下来，洋洋还搭了三角龙、剑龙……

正当洋洋向其他小伙伴分享他的成功"果实"时，旭旭说："你的恐龙太小了，一点气势都没有，恐龙不都是很大的吗？"

"还有，你的恐龙看上去都一样，没有特色。"

……

在此次观察中，小远主动提出要去帮洋洋找积木，洋洋也能主动和小远交流自己的搭建想法，说明幼儿已经有了初步的合作意识；在搭建过程中，洋洋和小远都运用了简单的排列、堆高、铺平等技能，建构形式较单一，导致最后搭建出的恐龙虽神似却没有气势；洋洋根据对长颈鹿的已有经验，为自己想要搭建的脖子长长的恐龙起名为"长颈龙"，可以看出洋洋想象力较为丰富，但对恐龙的认识还是比较薄弱的。

针对搭建"恐龙"的形式单一、缺乏创造力等问题，我首先通过图书、视频等方式带幼儿走入"恐龙世界"，让幼儿了解它们的基本特征；其次在活动区多投放了一些辅助材料，为幼儿提供可持续发展的方向；最后鼓励幼儿去画设计图纸，使搭建有方向性和目的性。

平面"恐龙"初体验

今天的"快乐建构"，洋洋、旭旭、小远早早地来到了这里，他们拿着一张纸正在讨论着什么。

我走过去仔细一看，原来是在前一天预约区域的时候，他们几个人商量好了要一起来建构区搭"恐龙"，并且还画了一张搭建设计图。

洋洋、旭旭、小远开工了，随后陆续有其他班级的幼儿参与进来，最后足足有十个人。

小远说："我们先找翼龙身上的鳞片吧，要三角形的。"

"不对，应该先弄他的身体，鳞片不是应该长在身体上吗？"洋洋说道。

旭旭安排其他小朋友去找长方形积木,可是过了好一会儿,那些小朋友还没有回来。旭旭和洋洋找齐了三角形积木后,去查看原因。原来那些小朋友去搭自己的东西了。这时,欣欣、可可、豪豪过来帮忙了。

"你们要把恐龙搭的大一点,尾巴那再加几块积木吧!"旭旭一边搭一边指挥着。

他们照着图纸,通过不断比对、调试,最后搭出了一只大大的"恐龙"。这只"恐龙"有庞大的龙头、布满三角形鳞片的龙身、翘起来的龙尾,其中两条木板表现张着的嘴巴、横放的半圆表现炯炯有神的眼睛……

在此次活动中,幼儿们已经能自发地设计并使用设计图,也能按照图纸去搭建,可见幼儿们搭建主题明确,能坚持并深化开掘。但存在分工上不够明确的问题,导致拿长方形积木的小朋友一去不返。

针对幼儿们分工不明确的问题,我建议幼儿在搭建前商讨、确定搭建小组成员、选定组长,最后再确定搭建主题并对各位组员进行分工。

挑战立体"恐龙"

今天的建构区,幼儿们要挑战搭建"立体恐龙"。游戏开始前,幼儿们通过"石头剪刀布"选出晨晨当组长,其他组员都要听组长分配任务。

搭建开始了,刚过一会儿,就听晨晨喊道:"你们别垒了,看,恐龙都倒了。"

欣欣说:"底下的面太小了,上面堆的积木又太多了,这才不稳当!"

晨晨:"那边有纸筒和奶粉罐,我们把纸筒排成两排做底盘,再在上面放积木不就可以了吗?"

"那纸筒露在外面多丑啊!"有幼儿质疑。

洋洋说:"我们可以把长方形积木交错垒高,不就把纸筒包围起来看不见了吗?"

于是幼儿们又开始行动起来。纸筒果然很稳,他们总算把恐龙立着的身体搭起来了。

泽泽在搭建恐龙头部的时候,长积木总是往下掉,他反复摸索调试。岩岩看到了说:"你看,这边没有东西支撑,悬在半空肯定会掉下来啊!"最后通过调整,恐龙头部终于搭建成功了。

《指南》社会领域目标指出:5~6岁幼儿活动时能分工合作,遇到困难能一起克服,知道别人的想法有时和自己不一样,能倾听和接受别人的意见。在本次活动中,幼儿们能够分工合作,且倾听同伴讲话,遇到困难能够通过不断试误、听取他人建议来解决问题,最后达到想要的作品效果,可见幼儿们已经有了初步的探索精神。

"恐龙"家族来聚首

今天的游戏中,出现了食肉恐龙和食草恐龙。在食肉恐龙的搭建过程中,幼儿们想出了一个很好的办法。

洋洋:"我们每次搭恐龙立起来的身体时,都好像太难了,你们有什么好的解决办法吗?"

"你们看,今天的建构区里好像多了一个梯子,我觉得很像恐龙立起来的身体啊,要不我们把它抬过来试试吧!"岩岩说道。

于是,幼儿们把梯子抬了过来,把梯子的腿掰开,上面做恐龙的头,下面加一些半圆形和三角形的积木就变成了恐龙的脚。

在表现食肉恐龙的牙齿时,大家有了争议。

小远说:"食肉恐龙的牙齿是尖尖的,用小圆柱做牙齿的话不能咬碎食物。"

大家觉得小远说的有道理,就把"牙齿"换成三角形了,就这样,拥有尖尖牙齿的食肉恐龙完成了。

接下来的几次游戏中,幼儿们继续脑洞大开!他们搭建出了形态各异的恐龙，有棘龙、甲龙、腕龙……伴随着问题和挑战，幼儿搭建"恐龙"的兴趣也在不断增加。

幼儿用好奇心去发现问题，用主动探索去分析问题，用讨论交流去解决问题。他们能用一架梯子做身体解决恐龙站起来的难题，能考虑到用小圆柱做牙齿不能咬碎食物，能想到用半圆形做恐龙的脚、用三角形做趾头……在搭建的过程中，我能看出幼儿的想象力、探索能力、建构水平都在不断提高，他们的原有经验在交流和实践中也得到了丰富。

对幼儿来说，最主要的学习方式就是游戏，连续性的游戏时间能引发他们深度学习。

在整个建构"恐龙"的游戏活动中，我通过一遍遍的观察、分析、支持、理解幼儿的游戏，对幼儿的游戏进行回应。我把游戏的主导权交给幼儿，成为幼儿学习活动的支持者，以欣赏的眼光来看待幼儿们的讨论、协商。当幼儿发现问题时，我会通过当场询问或者结束后组织讨论的方式，了解幼儿的游戏想法，推动游戏向前发展。

江苏省淮安市洪泽湖幼儿园　孙梦静

旋风制造

冬天到了,天气越来越冷了。

有一天早上,晨晨穿得严严实实地走进换衣间,一边解围脖一边说:"今天的风太大啦,都要把我刮走啦!"

正在换衣间里换鞋的蒸蒸说:"是呀,今天的风太大了,都要把我一圈一圈地吹到天上了。"

"一圈一圈的那是旋风,今天刮的可不是旋风。"小宇说。

"旋风刮在水里还能形成旋涡。"

……

幼儿们开始七嘴八舌地讨论"旋风"的话题。

直到活动区开始活动时,幼儿们还在谈论"旋风"的话题。

彩色旋风

晨晨、蒸蒸、小宇和灰灰平时喜欢在建构区用木条进行搭建。蒸蒸提议说:"咱们来搭旋风呀?"

"我不会搭旋风。"晨晨说。

灰灰在一旁小声说:"我们可以试一试。"

晨晨:"我喜欢彩色的木条,我想搭建彩色旋风。可是我不会搭建旋风,怎么办呢?"

依依:"旋风是一圈一圈向上的。"

晨晨:"哦!我搭建过楼梯!楼梯也是一点一点向上的。"

晨晨首先拿起黄色的木条围合成发散状的圆形，第二层选择橙色的木条依次叠高放置在第一层的黄色木条上，第二层空出四个木条的位置。之后，晨晨依次在每一层木条之上选择一种不同的颜色进行叠高，每一层都空出四个木条的位置。

晨晨按照这样的方法搭建了六层，颜色依次是黄、橙、红、绿、蓝、绿。但是晨晨并不满意，觉得太矮了。他在每一层用相对应颜色的木条填充，每一层空出一个木条。终于，"彩色旋风"搭建完成，一共由26层木条以围合叠高、拼搭台阶相结合的方法完成。

除了最上面三层的颜色无规律，下面台阶的颜色以"黄橙红绿蓝"为一组的对称方式排列。

旋风火烧云

有一天，小宇指着一张图片说："这是旋风刮在云彩上了。"

昊昊说："这个叫火烧云！"

于是，他们开始搭建"旋风火烧云"。

小宇首先选择了两根黄色木条，红、橙、蓝各一块，在地上搭了一个不规则的五边形，然后在第一层的上面依次交错排列两根木条，让作品的外围得以拓展。之后小宇依次使用黄、红、橙、蓝、绿五种颜色的木条一圈一圈交错排列，进行围合砌墙。然后将木条一层一层逐渐向外拓展，使旋风火烧云作品逐渐变大。

当作品搭建到第十三层的时候，小宇利用五根木条，伸进作品的里面，搭放在第四层木条的内侧，抬起头对我说："老师，我将木条放在这里面，加固旋风。"

我微笑着对小宇表示肯定。

小宇的"旋风火烧云"完成了。作品一共有21层，由91根木条建构而成，其中红色木条33根、橙色木条29根、蓝色木条16根、黄色木条8根、绿色木条5根。

巨型旋风

幼儿们看到图片上的"巨型旋风",讨论起来。

灰灰:"这个旋风好高呀,从地上一直刮到天上。"

蒸蒸:"这个旋风像一个大柱子。"

灰灰:"我们来搭这个旋风吧!"

蒸蒸:"这也太难了。"

灰灰:"我们试一试。"

蒸蒸:"旋风是在沙堆上刮起来的,得先做沙堆。"

灰灰开始用木条搭建沙堆,蒸蒸似乎对搭建旋风不是很感兴趣,他用木条在旁边搭建楼房。灰灰首先用七根木条在地上围合成七边形,之后依次进行逐渐向外拓展的围合砌墙。当搭建到第九层的时候,灰灰说:"我这个沙堆越来越大啦!可是怎么在上面搭建旋风呢?"

蒸蒸注意力被吸引过来,他提醒灰灰看看图片。灰灰照着图片试了几次,发现了秘密。

灰灰开始逐层向内缩小搭建,往上搭了三层后又开始向外拓展搭建。向外拓展了四层后,开始进行收顶。最上面一层由三根木条围合砌墙而成,沙堆完成了。

沙堆完成后,灰灰仔细观察图片。观察完后,开始在沙堆上进行旋风的建构。

灰灰首先在沙堆顶层由三根木条围合而成的三角形上依次搭建了八层由三根木条围合成三角形的作品,每一层的三角形与下一层的三角形都是交叉摞叠的,这八层三角形形成同样粗细的旋风。之后的一层向外延伸一点,灰灰想以此实现一层比一层宽的效果。但是灰灰很快就发现只是围成三角形很难搭建越来越粗的旋风,于是他又拿起三根木条搭在三角形的两条边之间,形成了一个六边形。接着,灰灰用六边形围合砌墙的方式向上搭建了17层,每一层的木条都向一侧偏移一点,逐渐形成了螺旋的形态。

"我想让旋风再大一些！"灰灰一边说一边在作品上搭放木条，他试图通过将木条一点一点向外拓展的方式搭建出越来越大的旋风。

旁边的蒸蒸被灰灰的作品再次吸引，也加入到了搭建巨型旋风的活动中，一起尝试让旋风越来越大。可惜，旋风倒了！还好，只是上面的五层掉落了，下面的作品还完好无损。他们有点泄气，但没有停止探索，研究着怎样让作品更牢固。

这次，灰灰和蒸蒸不仅在旋风圈上放置了垂直方向的木条，而且在旋风里面的木条之间又搭放了木条，增加了旋风的稳定性。遗憾的是，就在作品快要完成的时候，"巨型旋风"被旁边走过的幼儿碰倒了。不过灰灰和蒸蒸没有生气，也没有灰心，决定明天接着搭建巨型旋风。

第二天区域活动时，灰灰和蒸蒸因为前一天积累了建构经验，这次搭建得比较顺利。为了让搭建的作品形态更加接近图片，搭建之前两个幼儿又观察了一会儿图片。他们这次搭建的沙堆是由十七根木条围合成椭圆形，之后逐渐向上收顶，当沙堆最上面剩三根木条的时候开始搭建旋风。

蒸蒸和灰灰的旋风越搭越高，越来越粗，我走到作品旁边欣赏。突然，旋风向我的方向倾倒，我赶紧用手扶住。灰灰和蒸蒸开始在我的对面旋风边缘上搭放木条，我也在扶旋风的同时悄悄挪了挪它的位置，让它更牢固。在我们的齐心合力下，旋风没有倒下。最终，旋风一直建构到两个幼儿胸口那么高。沙堆建构了11层，旋风建构了95层，整个作品一共建构了106层。

本次"旋风制造"主题建构活动，是由幼儿早入园时的对话引发的。幼儿对旋风感兴趣，愿意尝试用木条建构旋风的形态。活动充分体现出了幼儿的自主性，幼儿自主选择想要搭建的旋风形态，我只是在幼儿自主游戏行为的基础上提供进一步的支持，引导幼儿自主进行试误和提升，不做过多干涉。

幼儿在建构游戏中通常都是搭建楼房、立交桥、城堡等建筑物，很少搭建像"旋风"这样的自然现象。用木条还原出抓不住、够不到的旋风形态，对幼儿来说具有一定的挑战性。虽然幼儿从来没有搭建过旋风，但是他们乐于尝试和创造，在建构旋风的过程中将原有的叠加、围合、砌墙、拼搭台阶、收顶等建构技能进行综合运用，建构出螺旋的、逐渐向外拓宽的旋风形态。当发生作品倒塌现象时，幼儿也能沉着应对，积极寻求解决问题的方式，最终完成相对理想的作品。幼儿在建构过程中，不仅灵活运用了建构技能，也在建构过程中进行了平衡实验，体验了粗细的比较，灵活运用了加减、点数等数学技巧。

本次活动给了我启示，我们要相信幼儿，要给予他们探究的时间和空间，让他们去尝试、创造、学习、收获。通过旋风作品的建构，我看到了幼儿们的专注和细心。他们也懂得了坚持的重要性，这是值得欣慰和欣喜的。

辽宁省大连市甘井子区教育局实验幼儿园　张艳　潘宇彤

天桥记

幼儿升入中班后,各方面的能力都有了提高,建构水平也由原来的平铺、垒高向架空、穿插、围合方面发展。建构作品也由原来的单一结构发展为错综复杂的结构。自主游戏中,幼儿们的合作意识和合作能力、语言表达能力有了突飞猛进的发展。

像往常一样,户外游戏时间到了,幼儿们有的想搭建城堡,有的想搭建大炮,晨晨想搭建幼儿园的天桥,他觉得走在里面好像走在彩虹上一样!大家纷纷表示对搭建彩虹天桥充满了兴趣,在一番讨论后,便热火朝天地忙碌了起来。

煊煊把一块长方形积木竖立在墙面上搭建成围墙,但晨晨往上面垒加一块积木时就全部掉落了。大家重新搭建,在围墙完成后,煊煊开始搭建栏杆,他把圆柱体往围墙上一放,围墙就倒了,他捡起来重新搭上。这时静静也加入了搭建队伍,同样的问题又出现了,围墙不断地坍塌。

煊煊不甘心,又尝试一只手紧紧扶着围墙,另一只手继续搭栏杆,可还是失败了。大家经过商量决定推倒围墙,推倒后原来竖立的长板变为了横着平铺的木板,围墙变得稳固了。

煊煊率先将两块方形积木垒加在一起,将围墙变高。然后开始了搭栏杆之旅。这次他放弃了长栏杆,而是选择了两个短的圆柱体来垒高,在放第三块圆柱体时还用力一敲,确定其稳定性后再去取材料,一边走还一边回头看看已搭建好的部分是否完好。

大家纷纷加入搭栏杆的队伍，最后找来半圆环形积木，连接在对称的栏杆上完成盖顶，天桥搭好了。

大家借助以前搭建房子的经验，利用延长技巧开始搭建围墙，由于追求快速，选择直接将积木竖立，户外的长板积木侧边较窄，接触面积较小，导致稳定性不强。在发现围墙有倒塌的前兆时，我没有去提醒幼儿，而是让幼儿继续搭建，耐心等待问题爆发出来。经过思考、研究，幼儿用"平铺+垒高"的方法搭建出了稳固的围墙，通过降低圆柱体的高度，让栏杆屹立不倒。

搭好了天桥的主体，那么楼梯怎么搭？

煊煊用一块长板摆在左侧底部横杆上，浩浩拿了块长板走过来说："这像滑梯一样，我们爬不上去呀！"

煊煊没有意识到问题，继续搭建，搭好还尝试着走上去。

轩轩："不对，幼儿园天桥的楼梯是在后面的。"说着就把楼梯换了个方向，以同样的方法搭建。

浩浩在旁边着急地说："我们这样还是上不去呀，只能从上面滑下来。"

大家被争论声吸引来，决定去一探究竟。

晨晨："天桥的楼梯是一层一层的，越来越高。"

静静："是呀，不是滑梯一样的。"

静静把原来的楼梯拆除了，将长板横过来搭建楼梯。只见她将一块长板立起来，另一块长板横铺在地上，在前面又横铺了一块，在第二块上增加一块，在竖立的长板上面继续竖立一块，因为怕倒掉，所以一直用手扶住，在竖立三块时基本有了台阶层层递进的雏形。

但当小伙伴将越来越多的长板传递过来后，楼梯变成了平平的一堆，倒了。大家走到了楼梯底下观察，发现楼梯是由立柱顶起来的，同时发现之前搭建楼梯的方向错了。

晨晨："我们可以用小正方体搭柱子。"

煊煊："可以把长方形的积木铺在柱子上当台阶。"

大家再次行动起来。晨晨和静静用小正方体互相靠着垒柱子，其

他幼儿都去帮忙寻找材料了。在不断垒高中，涵涵说："会倒吧？这样子有点高。"同时小心翼翼地整理了下积木块。晨晨观察了下右边的立柱，也开始小心翼翼地整理起来。静静看到后，用双手按住顶部，提醒晨晨用双手整理立柱。其他幼儿继续垒高，静静担心地说："再搭就要倒了。"在三个立柱完成后，晨晨激动地用积木鼓掌，我看出了他满满的成就感。

户外时间结束时，大家未能将楼梯搭建完成，决定第二天上午继续探索。

第二天上午，小朋友们到建构区先讨论了一番，他们觉得悬空楼梯难度太大，而且容易倒塌。这次他们直接选择了长板积木进行垒加，然后一层层降低高度，形成楼梯状。

幼儿在楼梯搭建完成后，又去天桥实地观察，发现楼梯中间有平台。轩轩和静静就取来积木在中间位置填平，形成了平台。

在反复搭建楼梯的过程中，我没有直接给予搭建方法，也没有评价幼儿搭建的结果，而是给予幼儿足够的时间去搭建、去尝试。在整个过程中，我用欣赏、肯定的态度给予思考中的幼儿关注和支持。

当楼梯成型，幼儿们用小手爬楼梯过天桥时，自豪感、成就感油然而生，更加促进了幼儿形成坚持、不畏难、不放弃的良好品质。

其实，在搭建中还蕴藏着更多幼儿深度学习的内容，例如物体的对称性。栏杆的对称为天桥造就拱形彩虹顶奠定了基础；楼梯扶手的对称隐含着幼儿对上下楼梯安全问题的考量。在搭建过程中，幼儿们学习、运用和巩固数、量、形、比例、对称、力等相关概念，发展了空间知觉。游戏中，他们甄选材料、调整间距、分享经验、分工合作，联系与建构、理解与反思、迁移与运用等过程在整个活动中迭代推进，相互融合，幼儿思维的层次在逐步递进。

江苏省镇江市丹阳市前艾中心幼儿园　吴晓霞

高架桥的诞生

在幼儿园中，一日生活皆课程，而游戏活动是幼儿最基本的活动。

建构游戏以其"开放性、灵活性"更为幼儿所喜爱。无论是建构游戏的主要材料积木还是一些辅助材料，都是幼儿自主学习的重要载体。

高架桥是我们生活中经常见到的建筑物，其特点为：桥墩高度较高，一般有钢筋混凝土排架或有单柱、双柱式钢筋混凝土桥墩。形状有直来直去的高架桥，还有带引桥的高架桥，它与我们的生活密切相关。

结合我们的主题活动《我在马路边》，经过和幼儿的商议，从幼儿的兴趣出发，我们的建构区活动确定为搭建高架桥。

高架桥是什么样子的？它由几部分组成？

随着问题的引出，一群"建造师"开始了他们建造高架桥这一伟大工程的探索之旅。

丰富的生活经验是幼儿游戏的前提，为了调动幼儿的生活经验，我引导幼儿们在前期充分交流讨论了与高架桥相关的知识。

昊昊："高架桥是什么样子的？"

琪琪："高架桥是高高的，有桥墩。"

禾禾："高架桥上面可以跑汽车，下面可以走行人，也可以跑汽车。"

果果:"高架桥有护栏,防止汽车掉下去。"

君君:"高架桥的边上还有路灯。"

幼儿们的回答还真是多方位的,从空间、功能等方面展现出了高架桥的样子。看着幼儿们的兴致被激发了起来,我很期待他们的作品。

幼儿们开始了搭建。

元元:"用一块一块的长积木连起来拼成马路。"

君君:"也可以用积木垒高,搭成高架桥。"

睿睿:"还可以搭建一些马路边的楼房、停车场。"

每个人的小脑子里都迸发出不一样的搭建想法,我不得不说,幼儿们的主动性发挥得还是很好的。

琪琪自告奋勇要搭高架桥,果果搭停车场,睿睿搭马路边的动物园……分工协作的任务计划完成,幼儿们开始了自己的搭建创作。

君君、琪琪、禾禾拿来了长方体积木,把它们首尾相接连成了长长的马路。他们这一次的搭建几乎是平面的,唯一一处高起来的地方,就是用了一根小积木当作桥墩,架起了高架桥。他们的安全意识还是不错的,用细长的积木围在长积木的两边做成了护栏,防止车辆从桥上掉下去。

很显然,他们搭建的高架桥下面是不能通行行人和车辆的,他们的搭建在平铺的基础上也没有太多技能的运用。初步的作品并不让他们满意,他们总觉得哪里不对。

这时元元在一旁说:"我们用个高一点的积木把长积木架起来吧。"

我觉得这个办法真不错,这样就可以用上垒高、架空等技能了。通过加工,这次的造型更加美观了。

桥搭建好后,小汽车要在路上跑起来了。幼儿们纷纷拿来玩具小汽车,准备玩汽车在桥上跑的游戏。

琪琪发现两个围栏之间的距离太窄了,汽车放不进去。

元元坐在一旁冥思苦想，忽然一拍脑袋说："有了。"只见他食指、中指交替运动，原来他用小手当起了汽车。

琪琪见了，不甘示弱。左顾右盼后，他拿起了一个圆柱体积木，当作小汽车。圆柱体积木不大不小，正好可以在两个围栏中间穿行。琪琪的嘴里还不停地说着："滴滴，我的小汽车要去运货了。"

这次活动不仅提高了幼儿的搭建技能，还培养了幼儿以物代物的能力，一举多得。

下次游戏时，幼儿们又进行了新的探索。

威威用圆柱体积木当桥墩进行了立交桥的搭建，相比上一次的游戏，威威垒高、架空的技能用得更好了。

昊昊加入到了搭建的队伍中。只见昊昊拿来一块拱形积木，接在了威威搭建的高架桥上。

威威看到后，对昊昊说："昊昊，你搭的高架桥还能拐弯呢，我也来试试。"

这让我喜出望外，昊昊竟然运用了转向架空的技能。转向架空看似简单，但不是轻而易举就能掌握的技能，它要求支撑点要足够平稳。

几经尝试后，威威的转向架空均因重心不稳而失败。但是他没有气馁，自言自语道："到底是哪里的原因呢？"

已经成功的昊昊也找不出原因。他们两个仔细观察，好大一会儿，昊昊发现了秘密，对威威说："是圆弧的地方不稳，再加个桥墩试试吧。"威威按照昊昊说的去做，这一次转向架空真的稳稳的搭建好了。

这一新鲜的高架桥的出现，引得其他的幼儿纷纷效仿。

糖糖用转向架空的技能搭建了一个全封闭的高架桥。

威威看到了说："你的高架桥都围起来了，汽车从哪里上下啊？"

被威威这么一说，糖糖也似乎意识到自己搭建的有问题。她手托着脸蛋在思考着什么，然后快速拿来辅助材料进行了一番操作，搭建好后自信地向大家介绍着她的空中花园和用纸板搭建的立交桥。

另一边的果果搭建的是穿梭在林立高楼之间的立交桥。

幼儿们把搭建的作品组合起来,整个马路边的景象就呈现了出来。

整个活动没有争抢,没有碰倒的现象出现,幼儿们都格外珍惜自己的作品,尽兴而又欢畅。

整个搭建活动有连续性、递进性,从一开始的平铺到简单架空,再到后来的转向架空,幼儿的技能在一步步提高。活动中,幼儿表现出了良好的自主性和坚持性,有困难不气馁,能积极想办法解决,从而呈现了完美的作品。

在转向架空的搭建中,我并没有提前让幼儿学习这一技能,昊昊的意外创造归功于想象力的发挥,也是生活经验的再造。而糖糖搭建的全封闭高架桥被同伴提出质疑时,她的积极思考与及时补救,表现出了良好的个性品质,令人欣慰。

要想真正促进幼儿的自主性发展,教师就要管住腿、闭上嘴,三思而后行,给幼儿提供丰富的、可操作的材料,激发幼儿的活动欲望,支持幼儿的自主探索,做一名静静的观察者、反思者。时光不语,静待花开。

山东省济南二机床集团有限公司幼儿园　李艳

小鱼之家

幼儿园的沙水乐园是幼儿们最喜爱的户外自主游戏区域之一，我们班的幼儿也从来不缺乏玩水、玩沙、玩泥巴的经验。

三月份，本学期第一次玩沙水游戏时，幼儿们都很兴奋，寻宝、挖小河、挖大坑、堆城堡……

游戏结束时也都恋恋不舍。

玩沙水游戏过去两天了，我发现幼儿们每次在沙水区游戏的内容都大同小异，以自由玩耍为主。为了支持幼儿最大限度地发挥游戏的价值，我投入了更多工具，期待幼儿们能够利用。

看到新工具，轩轩、梓梓等几个幼儿想在沙池中挖水渠。他们在工具箱里找来小铁锹、小铲子，说干就干，忙得热火朝天。可是他们在挖的过程中漫无目的，作品也不成型，结果并不理想。

轩轩说："我不知道从哪儿开始挖。"

梓梓说："我本来想挖一条直直的水渠，很宽的。"

"要不我们先画一幅设计图吧！"

大家纷纷讨论起来。经过讨论，大家都选择挖弯弯的、长长的水渠，还确定了水渠开始的位置。幼儿们开始行动起来，梓梓督促大家加快挖掘的速度。

过了一会儿，我看到这几个小朋友凑到一起把一边挖得几乎成型了。

阳阳："用力才能挖得深呢！"

梓梓:"还是让我来吧,我的大铲子最厉害!"

佳佳:"我想在这边给小鱼挖一个家。"

经过后面的两次沙水游戏,水渠变得越来越长,总有几个幼儿不忘坚持挖水渠,最后水渠转弯的那里也慢慢地连起来了。水渠终于挖好,幼儿们给水渠放水。但是水流进来都变成泥巴了,不见水面上涨。浩浩和歆歆继续用矿泉水瓶和小桶等工具往水渠里面运水,但效果甚微。轩轩、睿睿等几个小朋友找到旁边的很多管子,开始尝试连通。

新的问题出现了,水流不到沙池那头,盆这边是个低点。一直在水管旁边等着开水龙头的梓梓跑过来,他拿了一个小小的挖沙工具,想把低点垫高。然后他迫不及待地打开了水龙头放水,水终于流到了沙池。沙水区域成了小朋友玩耍的宝地。

几天后,沙水游戏区里幼儿对于水渠的热情不像以往那么高涨了,有的在玩水,有的在筛沙,有的在挖坑。

我看到妍妍、馨馨等几个小朋友挖了一个大坑。

浩浩一直在他们挖坑的地方转来转去,他找来很多玩具小鱼、小螃蟹、小海螺。"我要把这些放进去,养小鱼、小螃蟹。"

梓梓:"小鱼在哪儿生活啊?"

浩浩:"就在这坑里啊。"

梓梓:"没有水啊。"

有了前面几次挖水渠和引水的经验后,大水坑很快蓄满了水,这里成了"小鱼之家"。

午饭后散步,我有意带小朋友们来到"小鱼之家",但挖好的水坑已经干涸。

扬扬:"太阳把水晒没了。"

惠惠:"变成泥巴了。"

昊昊:"沙子把水吸没了。"

怎样能让水坑里存住水呢?"用大桶、大盆来运水。""把小河挖深。""把里面的沙子都挖出来、放很多水,让它喝饱了……"幼儿们想了不同的办法。

梓梓:"我们在水坑底下放上点东西吧!"

昊昊:"放什么呢?"

梓梓:"放盆。"

轩轩:"可以铺上纸,让小鱼在里面游。"

但是铺上纸,放了水,水很快就干了,而且纸还很容易破。

昊昊:"我们可以铺一块布试试。"

玲玲:"什么布?"

昊昊:"就是那个白白的!"

依依:"那不是布,是白色塑料袋。"

这个提议得到了幼儿们的响应,分头寻找合适的塑料袋。最后,杰杰从门卫大爷那里找回了一个大袋子。他们把塑料袋子铺在水坑里,可是一放水,塑料袋子被水冲歪了。

昊昊:"咱们把塑料袋子铺平,用沙子压住。"

大家开始小心翼翼地铺塑料袋。塑料袋的口有点小,坑有点大,沙子压不住的。玥玥想到了圈,跑到器材小屋拿圈,套上圈再次灌水,还是不行。这时,馨馨滚来了轮胎。大家齐心协力用轮胎套住塑料袋,又用水管蓄满水。经过这番折腾,"小鱼之家"终于建成了,大家长舒了一口气!

小朋友往"小鱼之家"投放了很多玩具。为了把"小鱼之家"保护起来,大家用PVC管给"小鱼之家"做了"篱笆",防止踩踏。几个细心的小女生拿来了石子放在"篱笆"上,把"小鱼之家"打扮得更漂亮了。

第二天清晨,昊昊带来了真的小鱼,他把小鱼放进了建好的"小鱼之家"。小鱼在里面游来游去,"小鱼之家"充满了欢声笑语。

游戏是幼儿最喜欢的形式,他们可以在游戏中创造、探索、求知。本次游戏开始时,幼儿漫无目的地挖水渠没有成效后,能够自主设计图纸，经过后续的不断"实践操作—发现问题—探索尝试—解决问题—再实践操作"的过程，从中获得有益经验。

游戏有利于幼儿学习品质的培养，游戏过程中幼儿们遇到问题不放弃，团结协作，主动想办法解决问题，体验了成就感，并从中获得了与人交往的经验和技能，培养了积极思考、善于发现问题的学习品质。

一沙一水间，幼儿收获的是快乐、成长。

今后，我将继续支持幼儿的自主游戏，让他们在游戏中学习、在快乐中成长！

山东省广饶县乐安街道中心幼儿园　王月霞

春天温暖而富有诗意，和户外的花花草草来一场约会吧。

幼儿们带上自己的小板凳，提前准备好各种豆子，将活动转移到户外。同时，发芽器和水也转移到了户外"战场"。

幼儿们边观察7种不同形状和颜色的豆子，边议论纷纷。

昊昊："欢欢，你见过什么样的豆子？"

欢欢："我见过大红豆。"

凡凡："我见过绿豆。"

丽丽："你们看这些豆豆看起来像什么？"

欢欢："这个豆子像牙齿，给它起名为牙齿豆吧。"

丽丽："这个豆子像一个个小石头。"

倩倩："这个豆子好圆啊，摸起来硬硬的，就像珍珠一样，叫它珍珠吧。"

硕硕："怎样才能让这些小豆豆们长出芽芽来？"

欢欢："种在地里。"

昊昊："还可以在水里发芽。"

大自然将幼儿们带入探索性情境，幼儿们个个都新奇而兴奋，观察种子的颜色、形状，畅所欲言。在幼儿们的观察和想象下，活灵活现的豆豆名字诞生了：珍珠豆、牙齿豆……创造源于幼儿们的体验和感知。

水里的绿豆浮在水面上了，这样的种子还会发芽吗？

卓卓:"这种是长不出小芽芽的。"

昊昊:"因为芽芽已经被虫子吃光了。"

欧欧:"空空的豆子就像一只小船,完整的豆子里面住着完整的小芽芽。"

幼儿们开始带着疑问实验,他们惊讶地发现豆豆们已经都"胖"了一圈。

涵涵:"老师,豆豆如果没有水会死掉吗?"

悦悦:"老师,小芽芽在豆皮下包裹着,空空的绿豆没有发芽。"

经过前期查阅资料了解到,豆豆们需要在水中浸泡8小时,8小时过后,需要滤掉这些脏水,同时每天保持豆豆们的湿润,6~8天就能长出长长的芽芽。

我原本想把已经被掏空的绿豆扔掉,转念一想,这样的豆子或许能成为另一种教学资源,以启发幼儿的思考与发现。于是,我引导幼儿们观察被掏空的豆子和其他豆子在泡发过程中的不同,幼儿们陆续有了新发现。

第二天,幼儿们发现豆豆的变化不是很大,可能与豆豆发芽需要合适的温度有关。于是我们开展了"豆豆们怕冷怎么办"的话题讨论。

浩浩:"可以盖上棉被。"

卓卓:"给他们进行阳光照射。"

森森:"可以洗一个温水澡,如果水太热,他们会变成粥的。"

经过幼儿们激烈的讨论,最后决定用合适的温水给豆豆们洗洗澡。

昊昊:"怎样洗澡才能保护好芽芽?"

丽丽:"一定要轻轻拿放。"

康康:"可以用手轻轻地把温水浇在他们身上。"

于是,有的幼儿握紧筛子,有的幼儿则轻轻地将温水浇在发芽器里面的豆豆们身上。幼儿们给豆豆洗了一个舒服的温水澡后,盖上了厚厚的毛巾。

在观察豆豆生长的过程中，幼儿们感受到了生命诞生的神奇。豆豆们激发了幼儿极大的兴趣。近几日，幼儿们走进活动室后，都会径直奔向豆豆生长区。根据幼儿们的兴趣取向，我把晨间活动由桌面活动调整为观察豆豆，之后展开集体讨论。

"豆豆们的小芽芽像什么？"

"像斧头，像把手，像棒棒糖，像一根针，像一条直线……"

看到幼儿们对豆豆的表达还是意犹未尽，我想何不开展一次语言游戏活动呢？在已有语言经验的基础上，跟着音乐有节奏地进行语言表达，是不是另外一种挑战？我尝试有节奏地唱出"黄黄的豆子什么味道"，其中语言发展水平相对较高的涵涵有节奏地说出"黄黄的豆子草莓味道"。

随着游戏的推进，幼儿们都跃跃欲试。

"黄黄的豆子水的味道。"

"黄黄的豆子橘子味道。"

……

我根据幼儿的兴趣适时调整活动，不断追随幼儿的兴奋点，搭建适合幼儿发展的知识结构，不断丰富语言内容，提高幼儿的语言表达能力。这一目标源于对幼儿兴趣及现有水平的观察与思考，同时将兴趣还原于幼儿。

看着豆豆们一天一天长大，几个幼儿在美工区的画本上自发地画起了"豆豆们的成长记"。

他们边画边聊，创意想象。

"这是豆豆小的时候吗？"

"你的豆豆画得像是一个棒棒糖。"

"我这里还画上了太阳，豆豆需要温暖的阳光，小鸟还在给它们唱歌。"

"你看，这是它们小时候，一点点的小芽芽包在里面，还有小花陪着它们长大。"

……

幼儿们通过画画分享着对豆豆们的喜爱，这不仅提高了他们的想象力，还展现出了他们的无限创意，同时为幼儿们提供了喜欢说、愿意说的语言环境。

7天时间豆豆们长大了，幼儿们收获、摘洗、烹饪、品尝美食，忙得不亦乐乎。基于安全考虑，班级中没有使用电磁炉，而是借助食堂的炊具进行烹饪。幼儿品尝着自己的劳动成果，收获了喜悦，更体会到了劳作之后的珍惜与感恩。

我们应该和幼儿们一起探索、一起发现、一起成长、一起感受幸福。

在一个情境中，幼儿具有怎样的想法？

他们尝试着做什么？

幼儿的每一种行为中蕴含着他们怎样的感受？

怎样才能设身处地地从幼儿的角度看问题？

我们真的了解幼儿的心理需求吗？

这么多年来，我一直以这种理念去衡量工作中的幸福感，去观察、发现幼儿的好奇心，创造环境让他们去寻找、探索和发现。

这期间，我与幼儿一起成长。

以后，我会继续和幼儿们一起探索、成长，体验幸福！

山东省东营市东五路幼儿园　刘玉镯

游戏的力量

游戏是幼儿自由、自主、自发的行为。在角色游戏的开展中，自主的游戏主题、游戏材料、游戏合作，能够让幼儿在充分的自主中将自然、游戏和儿童发展有效融合，同时赋予角色游戏以灵性和生机。角色游戏是幼儿最典型、最重要的游戏之一，在游戏中，幼儿根据自己的兴趣和意愿，借助模仿和想象，通过角色扮演，创造性地反映其生活环境、生活体验和生活感受。我以小班、中班和大班三个阶段的角色游戏的状态表现为依据，展开了长期性、延续性的思考，从关注幼儿的游戏行为开始，将我的所思所想化为今后学习工作的依据。

从"生活体验"走向"游戏体验"

小班第二学期，我通过日常家访了解到班级中大部分幼儿去过海洋世界，于是我在游戏中调动幼儿们的已有生活经验，准备开一家"海洋馆"。

小阁和佳佳拿着小鱼、螃蟹来到草地上，将小鱼和螃蟹分别放在不同的位置。一边的小阁看了看，见旁边有一些垫子，于是拿来几个垫子做起了鱼缸。就这样"海洋馆"开张了。

小阁跑到场地中间大声吆喝："我们的海洋馆开张啦，大家来看小鱼呀！"

同伴听到吆喝都跑到海洋馆来看小鱼。由于来海洋馆的顾客特别多，佳佳对他们说："你们要买票的，大家都到这里来买票！"佳佳从材料超市里拿来一些树叶,以叶代票卖给观众们。

第二天,海洋馆继续火热开张。

菡菡、熙熙、晨晨、蕊蕊四个人从材料架上找到几条裙子,把自己打扮起来,开始了表演。

一旁的菡菡到场地中间进行宣传:"美人鱼表演马上要开始了,大家快来看呀!"

随之晨晨从旁边搬来小椅子,其他小观众也纷纷围坐,看起了美人鱼表演。

……

游戏来源于幼儿的生活经验,在游戏中幼儿们纷纷迁移运用自己的已有经验,借助角色游戏来反映生活。

从"标准版"走向"升级版"

进入中班,角色游戏的内容和情节更加丰富。在与幼儿讨论的过程中,好几位幼儿都说要开自然博物馆,因为暑假里曾去过自然博物馆,印象深刻。在得到全体幼儿的一致响应后,我们班级的自然博物馆应运而生。

游戏开始了,宸宸和小文商量着如何布置场地。

宸宸说:"自然博物馆的恐龙都是分类展示的。"

"是的,我看到恐龙们被摆放在不同的地方。"小文说。

于是,小文到材料架上拿了几块绿色的垫子,将恐龙分为食草恐龙区、食肉恐龙区以及动物区。

等到自然博物馆正式开业,小文还拿起"耳麦"当起小小讲解员,认真地向客人讲解自然博物馆的各种动物。

博物馆热闹不已,人越来越多。

小瑞从材料超市中拿了一个小盒子,把材料架子上的泥沙倒在盒子里。小雨拿了一些小恐龙,把它们埋在沙子里。

星星好奇地问:"这是什么,怎么玩?"

小瑞说:"这里可以考古。"

"考古?怎么玩呀?"星星问道。

"你到前面买一张考古门票,可以来挖小动物。"

星星买了票就兴致勃勃地到考古区玩了。没多久,自然博物馆里可以考古的消息传遍教室,来这里参观的"游客"越来越多。

幼儿对该游戏兴致极高,从简单的博物馆参观到后续博物馆考古、文创作品设计等,他们已经将平日所见所闻的经验运用于游戏,并且将原本简单的游戏内容进行升级,幼儿的认知经验、游戏能力有了质的飞跃。

从"个体体验"走向"群体经验"

进入大班,幼儿角色游戏场地由活动室拓展到了户外田园。

由于班级中多位幼儿有暑假乘飞机旅游的经验,所以在场北的大型滑梯空间中诞生了一个新的游戏内容——"飞机场"。

宸宸带来了许多飞机模型,源源、昊昊将带来的飞行棋垫铺在荡桥下面,三人将大大小小的飞机模型停在了飞行棋垫(停机坪)上。

宸宸说:"你们拿这个到登机口去安检吧。"

源源随后在停机坪右侧站好,准备安检。

宸宸从包里拿出了一个音乐棒开始广播:"欢迎来到机场,飞机马上就要起飞了,请大家到1号登机口登机。"

机场广播引来了许多小朋友。

轩轩和文文跑过来问:"这是什么地方?"

昊昊说:"这是机场,要坐飞机请到那边去安检。"

一时间,三位"机场工作人员"忙碌起来,有的播报,有的安检。多次游戏后,飞机场的工作人员变多了。歆歆想做飞机上的服务员。

宇宇听到了纠正说:"飞机上不叫服务员,女的叫空姐,男的叫空少。"

歆歆听了说:"嗯嗯,我是飞机上的空姐,我为大家服务。"

乘客们开始登机了。

宸宸开始播报:"女士们先生们,欢迎乘坐本次航班,我们的航班马上要起飞了,请大家系好安全带。"

飞机起飞后,空姐开始送餐。

歆歆将一些食物拿了出来,坐在飞机上的几位乘客看到好吃的,争先恐后地购餐。

"我要鸡腿。"

"我要面包。"

"我要饮料。"

……

游戏点燃了幼儿们的游戏热情,他们在游戏过程中提高了交往能力。

通过长期、有序的观察,我看到了幼儿们的改变与成长,这让我产生了很多思考。

幼儿的游戏需要"空间",但游戏场地应该不拘一格,可以在室内也可以在室外。幼儿园户外有许多生态环境,为幼儿角色游戏提供了更多场地,幼儿可以建构新的游戏情境,满足游戏需求。

在幼儿园的一日活动中,游戏是幼儿最喜欢的时刻,幼儿们可以在游戏中尽情释放自己爱玩的天性。在游戏中,幼儿可以与同伴、自然、材料进行互动,在互动中幼儿可以感知世界、认识世界。游戏中,他们可以大胆地表达自己的真实感受、抒发愉悦的积极情绪。

角色游戏为幼儿学习与人相处、交往提供了一个"演练场",从中,幼儿学会了与同伴协商角色,进行角色之间的互动。产生分歧、摩擦以及矛盾时,幼儿可以分享彼此的想法,化解冲突,积累各种解决问题的经验和方法。

从三年的观察中,我深刻地感受到角色游戏对于幼儿发展的推动力和影响力。儿童因为"游戏"而成为儿童。游戏中,幼儿畅所欲言地将自己的想法和情感通过角色扮演的方式表达出来，这时候儿童在游戏中就是真实的自己。他们在开放、自主的游戏环境中探索游戏主题、游戏情节、合作方式，自主性、创造性和社会性都得到了发展。

上海市嘉定区迎园幼儿园　朱秀文

个案跟踪

爱打人的岳岳

户外活动时,我看到万老师拉着岳岳的手说着什么,岳岳看起来一副不服气的样子。我担心万老师因此顾不上组织其他幼儿活动,便走了过去。经了解,原来是岳岳不知为什么打了一个小朋友,万老师马上阻止了岳岳,正在引导他跟小朋友道歉。

我不想给岳岳贴上一个"打人"的标签,直觉告诉我应该先了解一下情况再说。于是我带着岳岳去我的办公室。

岳岳一边走一边说:"我要打怪兽,我很厉害,我能打败所有人!"我想:他是不是在和小朋友玩一个游戏,不小心伤人了呢?

进了办公室,我问他:"你在和小朋友玩游戏吗?如果是玩游戏,不要真的打。"我希望给他一个正面的引导。没想到还没等说完,他就朝我打来,我躲了一下,对他说:"你打不过我,我的力气比你大。"他说:"我就是要打你!"说着就朝我扑来,我一看这样,就紧紧握住他的手说:"你看,你打不过我吧?"

他不服气地使劲挣扎,毕竟人小力气也小。他见怎么也挣不脱,就不挣扎了。

我说:"今天就玩到这吧,以后再玩。"我刚一松手,他又朝我打来,嘴里喊着:"我要打怪兽!你不是我的对手。"我意识到:如果继续以力量对抗力量,是没有用的,这样还会给他树立用身体力量解决问题的错误榜样。

于是我任他打,不再与他对抗。然后伤心地说:"我那么爱你,

可是你却打我,我又疼又伤心。"他听了之后,冷冷地说:"你们爱我都是假的,我不信。"接着又打了我一下。

我震惊于他说的话,直觉告知我,事情并不简单。但眼前我必须想办法解决他打人的事情。

于是,我继续说:"我真的很疼,也很伤心,你感觉不出来吗?"

他依然冷漠地说:"我不管,我没有感觉。"

尽管他这样说,然而打我的力度一次比一次弱,最后见我不还手,也就停下了手。

我想了解一下他的内心究竟是怎样的,于是问他:"你看我像什么动物?"

"大熊猫!"岳岳居然脱口而出。

"那你爸爸妈妈像什么动物?"我继续问。

"爸爸总是打人,爸爸像老虎。"他气愤地说。可见他对爸爸打人这件事是不满的。

我接着问:"妈妈像什么?"

"妈妈总是揪我耳朵,不知道像什么。"岳岳语气一沉。

"那你自己像什么动物?"我继续问。

"我不是小动物,小动物太弱了!"岳岳一边说一边比划着。

"那你喜欢大熊猫吗?"我想确定我在他心中的形象。

"喜欢。"岳岳笑着说。

听了他的话,我很感动。

"爸爸妈妈是怎么打你的?"我知道我问得有些残酷。

没想到岳岳毫不在乎,一边比划一边说:"爸爸这样踢,妈妈就是揪啊揪。"面对这样的父母,我很心疼岳岳,下决心一定要和他的父母好好谈谈。

在聊天中,岳岳的情绪逐渐平静下来,最后我问他:"爸爸妈妈打你,你还爱他们吗?"

"爱!"岳岳毫不犹豫地回答。他的回答再次让我感动。

我继续对他说:"我们也很爱你,有什么事你可以好好和我们说,好吗?"他答应了。

结束谈话后,我久久不能平静。岳岳是一个热情好动的幼儿,动手能力比较强,同时脾气也大,他和小朋友之间互动的时候稍有不如意,就会用武力解决。不难看出,岳岳的这种表现与他的个性有关,也与父母对他的教养方式有关。

从我与岳岳的交流中可以看出:岳岳的父母对待他的方式简单粗暴,常用武力解决问题,这让他积累了很多负能量,一旦有了出口就会像火山一样爆发。

岳岳爱打人习惯的养成与他父母的教养方式有很大关系,因此必须从他父母身上入手,引起他们对幼儿的关心和重视。为了引导岳岳身心健康成长,我把岳岳的父母一起约了过来,

当我把岳岳和我说的话反馈给他父母的时候,夫妻俩感觉很惭愧,妈妈的眼里闪动着泪花。不难看出,夫妻俩还是很爱岳岳的,但因为工作忙,所以对待岳岳总是简单粗暴,高兴的时候就给岳岳买吃的、玩的,不高兴的时候就打。武力让岳岳暂时听话了,然而积压在岳岳内心的不满,他都发泄到比他弱小的同伴身上了。

了解了不当的教养方式可能产生的后果,岳岳父母表示以后会改变自己对岳岳的教育方式,多一些耐心,多一些陪伴。岳岳的父母也接受了我的建议:经常参加幼儿园的家教沙龙活动,学习与幼儿沟通的方法。

我和岳岳的父母共同分析了幼儿的个性特点,讨论了如何引领岳岳身心健康地成长,并制定了一些引导策略。

第一,接纳陪伴。当岳岳发脾气的时候,我们先接纳他的情绪反应,带着爱来陪伴他,倾听他的心声,感受他的感受,并表示出爱和理解。

第二,疏导情绪。仅仅是倾听可能满足不了岳岳发泄情绪的需求,这时可以让他用武力发泄一下自己的愤怒,比如用力捶打枕头,

把枕头当成出气筒，用脚狠狠地踩踩一块废纸等。身体能量的释放可以很好地缓解不良情绪。

第三，有效沟通。当岳岳情绪稳定的时候，再和他交流，不要给他贴标签，而要给予他更多的肯定，让他在愉悦的情绪中学会合作，不一定非得强迫他道歉。

从我和岳岳的互动中可以看出，当他打我的时候，开始我采取了用力量对抗的方式，紧紧抓住他的手，对他说我比他有力量，他打不过我。但是这种方式反而激起了他更强的好胜心，他内心的征服欲得不到满足是不会罢休的。假如我继续使用力量制服他，他的这股征服欲暂时被压抑了下来，然而再遇到比他弱小的人的时候，他爆发的能量会更大。长此以往，愤怒的种子就会根植在他的内心。然而当我改变了和岳岳互动的方式，他打我的时候，我就示弱，同时带着爱真实表达自己内心的感受，他也就逐渐平复了情绪。

我把这些经验分享给了他的父母，他们都非常认可并且愿意改变对岳岳的教育方式。但目前，岳岳的不良情绪已经积累了很多，不是一时就能解决的。

从这件事以后，岳岳每次看到我，都要过来抱抱我，我能感受到他对我发自内心的爱和依恋。我相信，不久的将来，岳岳也会是一个平和的幼儿，遇事不再只会使用武力解决。

山东省烟台经济技术开发区海晏幼儿园　王小丽

喜欢画枪的辰辰

时间过得好快,依稀记得第一次来大三班的场景,一切都是新的,新的班级、新的环境、新的搭班、新的幼儿……

看着幼儿们对我充满好奇和探究的眼神,听着他们窃窃私语:"你们看!这一定是我们的新老师",我心想这群幼儿可真可爱!

正当我打算和幼儿们正式打招呼时,突然从角落里冲出来一个男孩,个子高高的、身体壮壮的,头发剪成了寸头,两只小手正变成枪的姿势,边追着前面两个幼儿边大声喊道:"不要跑,你们已经被我打倒了!"

我叫住他,询问他的名字,他怯生生地答道:"我叫辰辰。"辰辰特别喜欢枪,后来在他的画里,我知道了原来他不仅喜欢枪也很喜欢画枪。

第一次看到他的画时,我挺惊讶,画面内容情节很简单:一个男孩拿着一把枪对着一个女孩做攻击状,女孩表现得很害怕。画面色调以黑白为主,画面里流露出比较消极的情感状态,让人看着很不舒服。

辰辰在班级里很喜欢和同伴追逐打闹,经常有其他幼儿跑到我的面前说辰辰打他们,也有部分幼儿表示不愿意和打人的辰辰做朋友。

通过观察,我发现辰辰是一个十分好动、自控能力较弱、时常出现攻击性行为,在和同伴交往技巧方面存在一定缺陷的幼儿,他的一系列表现吸引了我的注意力,后面我给予了他较多的关注。

在平时的幼儿园生活中，我给予了辰辰更多的关注和鼓励，没事的时候常常和他聊天，了解他内心的想法，对于他的进步常常给予肯定。我通过班级环境的创设，在潜移默化中给予辰辰积极的暗示，例如在班级里创设了《班级公约》，提示不要在班级里奔跑和追赶推挤等；通过不断更新《礼仪墙》的内容，用儿歌的方式，让辰辰知道礼仪文明的重要性；通过班级《星星榜》，用奖励小星星的方式肯定辰辰的每一点进步。

通过和辰辰家长沟通交流，我发现辰辰在生活中很喜欢刀枪之类的玩具，并且喜欢看带有攻击行为的动画片。辰辰的爸爸妈妈是离异再婚家庭，由于工作忙，常常忽略对辰辰的教育和陪伴。平时主要是奶奶在带辰辰，奶奶脾气暴躁，经常对辰辰说些威胁恐吓的话，让辰辰更加叛逆，喜欢和奶奶顶嘴。妈妈比较严厉，每次批评辰辰时，他总是低着头说："我错了，我再也不敢了。"但事后，并没有改善，妈妈也很少会有实质性的惩罚措施。

我通过多种方式和辰辰家长进行沟通：将一些正确的教育理念和教育方法传递给家长，希望爸爸妈妈给予辰辰更多的陪伴；通过邀请家长参加园所相关亲子活动，改变家长的一些教养方式；建议让幼儿少看一些富有攻击性行为的动画片，多看一些文明礼仪正能量的动画片。父母是幼儿的第一任老师，家庭教育往往比学校的教育更加直接，增加家园之间的沟通与合作，可以帮助辰辰更好地生活、学习和发展。

我与辰辰的家长达成一致，要细心关注辰辰成长过程中的情绪、行为的微妙变化，给辰辰以理智的爱和适度的控制，然后对辰辰提出知识和社会能力方面的要求。

通过一系列的措施，辰辰有所进步，他绘画作品里的攻击性行为少了，多了一些和朋友交往的意愿。生活中我鼓励辰辰，教会他用正确的方式和其他幼儿交朋友，同时鼓励其他幼儿多和辰辰沟通，让辰辰感受到来自朋友的关爱。

现在的辰辰，已经不是我当初见到的那个喊着打打杀杀的辰辰了，他的进步有目共睹：攻击性行为明显减少，开始懂得主动控制自己的情绪；学会了关注其他人，有了交往的意愿，尤其渴望朋友间的交往。

《指南》要求大班幼儿能经常保持愉快的情绪，并且表达情绪的方式比较适度，不乱发脾气。愿意与人交往，并且能想办法吸引同伴和自己一起游戏，与同伴发生冲突时能自己协商解决。

我除了指导辰辰学习交往的基本规则和技巧外，当辰辰和同伴发生矛盾和冲突时，我也会指导他尝试用协商、交换、轮流、合作等方式解决冲突。也常引导他换位思考，学习理解别人。

有人说："倘若世界是一间小屋，那么爱心就是温暖小屋的火炉；倘若世界是一棵大树，那么爱心就是滋润大树的养料。"爱心是开在心上的花，相信我们一直用爱灌溉，辰辰一定会越来越好。

对待幼儿需要十足的耐心，幼儿的行为会反复，需要我们有耐心，不断引导，这样才能更好地促进他们发展。坚持才能获得成功，只要我们坚持不放弃，终有一天幼儿会给我们最好的反馈。

虽然辰辰较其他幼儿有些特殊，但是我们作为幼儿们的支持者、合作者和引导者，应尊重幼儿的个体差异。每个幼儿都是独立的个体，我们要做的就是尊重他们、爱护他们、陪伴他们、帮助他们。

记得有一天，在一个阳光明媚的午后，我坐在窗边和一个幼儿讨论着问题，辰辰扬着喜悦的脸，踩着轻快的步伐，走到我身边拉着我的手，笑着说："老师，你看这是我和我的朋友在游乐场玩儿呢！"我接过画一看，大大的摩天轮，红艳艳的太阳，两个可爱的小人儿手拉手，还有那通往天空的火车轨道，好像承载着两个小人儿的友谊一直绵延到远方，他们的笑很灿烂。

上海市松江区蓝天幼儿园　黄蒙蒙

幼儿园一线教师教育笔记精选50例

想得到更多爱的馨馨

馨馨到了大班后显得有些不合群，性格发生了巨大的变化，情绪波动很大。

我和馨馨外婆聊起馨馨的近况，得知原来馨馨的爸爸妈妈离婚了，爸爸去了另外一个城市。而当我问起馨馨家里的情况时，她总说"我爸爸变成坏人了！"

因为馨馨家里的情况，我和馨馨的家长一直都比较关注她的心理成长状况，尤其是集体生活中的交往互动情况。从馨馨与同伴的互动中我可以看出，她情绪波动非常大，与同伴发生小矛盾的时候总感觉所有人都针对她，没有人喜欢她。

一天早上，最早来园的几个幼儿拿上早操器械准备下楼锻炼，幼儿们边走边聊。

航航说："我爸爸昨天晚上出差回来给我带了礼物，你们猜是什么？"

其他幼儿猜得起劲，馨馨垂头丧气地走开。小朋友问馨馨怎么了。馨馨满脸委屈地说："我没有爸爸了，他不要我了！"

放学的时候，我和馨馨的外婆再次沟通，言语间外婆对馨馨爸爸的抱怨停都停不下来，我基本没有插话的机会。

这是一次失败的沟通。于是，我继续观察馨馨的表现，再找时机与馨馨的外婆沟通。

在一次玩创造性游戏时，馨馨玩的是娃娃家。大家一起布置游戏环境，一起准备游戏道具，正忙碌着。

"哇！"教室里突然传来大哭的声音。我寻找声音的来源，原来是馨馨在哭。

"馨馨怎么了？"我关切地问。

"他们不跟我玩。"馨馨的眼泪簌簌地流下来。

我将视线投向玩娃娃家的其他幼儿，多多解释说："我们大家一起布置，很忙，还没有布置好呢馨馨就要直接玩。"言语间满是气愤。

我先安抚了馨馨的情绪，然后问："大家不是约好一起布置一起玩，结束的时候再一起收的吗？"

馨馨看了看我，收住了眼泪："我忘了！"

"你好好跟小伙伴们说一说，跟他们一起布置，游戏结束后会一起收拾，说不定他们会同意跟你一起玩。"

馨馨追着玩娃娃家的伙伴们说了很久，大家同意了她加入游戏。

但游戏结束的时候，多多气愤地跑来告诉我："我们下次不跟馨馨玩了，她没有收拾就跑掉了。"我一时有点无奈。

在接下来的阅读环节，小朋友们都在安静地看书。突然又传来了馨馨响亮的哭声。

"你干吗哭呀？"有小朋友担任起小老师的角色。

"涵涵抢我的书本！"馨馨的哭声更响了。

"明明是你抢了我的书本！"涵涵气愤地说。

"是你，就是你抢我的书本的！"馨馨的哭声把其他小朋友也吸引了过来。

"哭是解决不了问题的！"

"馨馨越来越爱哭了！"

"我们不要跟馨馨一起玩。"

……

小朋友们都在指责馨馨。

馨馨眼里都是愤怒，大声说："我叫我妈妈来打你们！"说完这句

话她快速跑到教室外面的一个角落里躲起来。

我看后很心酸。

到了午睡时间，小朋友们陆续睡着了，馨馨还无睡意。我从馨馨的床边经过时，馨馨伸出手揪住了我的裙子。

我哄道："馨馨闭上眼睛休息一下，睡不着也没关系的。"但她始终不放手。

我搂着她，小声跟她交流："馨馨，你不想睡觉吗？"她点点头。"你最近晚上都是跟妈妈睡的吗？"

谁知馨馨眼里出现了恐惧，慌张地说："我最怕妈妈了。"我拍拍她的背，让她缓解恐惧。

"那你有心事可以跟外婆说。"我好心建议。

她小声说："我外婆也很凶的。"

我不再开口，心里在想馨馨的处境。

经过这段时间的观察，馨馨变得易哭、与同伴关系不和谐、规则意识薄弱、任性、焦虑、暴躁，这些变化跟家庭教育有很大关系。

馨馨从小基本上都是和妈妈和外婆生活的，馨馨和爸爸以及爷爷奶奶接触的时间很少。外婆反映爸爸家从小就不喜欢馨馨，馨馨缺乏完整的爱。外婆对爸爸家的态度一直都颇有微词，当爸爸和妈妈离婚之后，外婆对爸爸家的负面评价就更多了，也时常在馨馨面前说爸爸的不是，这让馨馨一边渴望得到父爱，一边听着外婆对爸爸的诸多负面批判，内心十分矛盾。这些负面影响日积月累，导致了馨馨行为上的偏差，整个人也变得异常敏感。遇到问题，不想办法解决，只会哭，也不愿意与同伴协商解决问题，同时又渴望被关注、关怀。

通过一系列分析，我在查阅相关书籍、资料的基础上，为馨馨制定了干预疗法。

第一步，"家庭疗法"——接纳亲情，让馨馨能够直面爸爸的亲情关系，合理表达对爸爸的想念。

父母离异，受伤害最大的是幼儿。馨馨一边想念爸爸，一边听着家人反复说着爸爸的不是,导致她小小的心灵不敢直面对爸爸的这份亲情的依赖。

我与馨馨妈妈进行沟通,希望她能够给馨馨营造阳光正面的家庭氛围。尽管爸爸和妈妈不在一个家里,但要允许馨馨表达对爸爸的思念,而不是一味地向馨馨灌输爸爸是坏人或者爸爸不要她了这样负面、消极的情绪。

第二步,"暗示疗法"——树立自信。通过观察发现,馨馨特别在意妈妈和外婆对自己的评价,如果是好的评价,她就会开心,如果是不好的评价,她就会焦虑,进行自我否定。我建议馨馨的妈妈和外婆多关注馨馨的心理变化,多给予她一定的鼓励和肯定,逐渐提高馨馨的自信心。

在幼儿园,我也注重培养馨馨的独立性。在活动开始之前,会对她提出合理的期望,她会适当地约束自己的行为,朝着我所期许的方向发展。当然我也少不了鼓励教育,有时候的表扬和强化,可以激励她下一次的行为更加规范。

每一个幼儿的身上都有闪光点,我会放大她的亮点,让她在集体面前树立自信。馨馨喜欢绘画,绘画时很专注,极有耐心。她会花较长的时间构思,然后谨慎下笔,对每一个细节都十分注重。我会在集体面前表扬和肯定她的专注和耐心。得到大家的认可,馨馨逐渐自信起来。

第三步,"行为疗法"——融洽关系,让她习得一些交往技能和解决问题的能力,建立自己的伙伴圈子。

在交往这方面,馨馨缺乏交往的技能技巧,时常跟同伴闹得不愉快,所以在交往的过程中总是受挫。每次活动之前,我会引导她征得同伴同意再做决定,一次、两次……多次之后,馨馨会提醒自己,情况逐渐有了好转。

第四步,"支持疗法"——感受关爱,改变馨馨"所有人都针对我"的想法,让她在集体中感受关爱。

角色游戏的时候，馨馨特别喜欢去娃娃家玩，她喜欢当宝宝和小宠物这类被人照顾的角色。当宝宝的时候，她会以哭闹、生病了这样的形式来吸引"妈妈"的关注。被"妈妈"照顾后她会很满足，享受着游戏中大家对她的关爱。随着与同伴游戏次数多了，同伴也逐渐放下了对馨馨的成见，日常生活和学习中也逐渐接纳了馨馨。

　　现在的馨馨，依然渴望他人的关注和关爱，同时也在学着表达自己的爱。

　　早上来园的时候，馨馨通常会来得比较早，进门的时候她会冲过来向我问好，还会给我一个拥抱，当我也抱住她、回应她的拥抱时，馨馨会特别开心。

　　经过一段时间的努力，馨馨身上发生了一些变化。在小组合作中，馨馨可以适当听取同伴的意见，与小组内的伙伴开展简单的合作。日常交往中，她与小朋友之间的相处也更加融洽了。游戏中，馨馨自己也感受到了遵守规则带来的益处，小朋友开始与她亲密起来，这种良好的互动带给了馨馨良好的感受。

浙江省海宁市实验幼儿园教育集团康桥幼儿园　占建凤

汤汤变了

汤汤从小由爷爷奶奶照顾,爷爷奶奶平时比较溺爱他,认为很多事情等孩子长大了就自然会了。因为平时包办过多,导致汤汤在咀嚼能力、社交能力、生活技能等各方面能力都比较弱,并且汤汤个性内向,不太愿意与同伴交流。

根据幼儿发展的要求,我决定对汤汤进行有计划的锻炼,鼓励他大胆与同伴交流,并且逐步养成良好的基本行为习惯。

以往每当吃饭的时候,汤汤总是拖延到最后再去取餐,取餐后也不愿意进餐,而是摆弄餐具、桌椅。当他发现老师关注他的时候就吃几口饭,然后趁老师回头的时候再吐出来。如果老师喂饭的话,他就做出故意呕吐和尿裤子的行为以示抗议。

跟汤汤的爷爷奶奶沟通得知,爷爷奶奶平时都是给汤汤吃稀一些的东西,多是一些流质或半流质食物,长此以往导致汤汤的咀嚼功能比较弱,依赖半流质的食物,不愿意食用其他食物。针对这种情况以及汤汤的现状,我与汤汤的父母进行联系,向他的妈妈详细介绍了汤汤在幼儿园的表现,尤其在半日开放等活动中重点邀请汤汤妈妈来园观察,引导汤汤妈妈发现汤汤与其他幼儿的不同之处,引起汤汤妈妈的重视。

我还鼓励汤汤妈妈回家多做老人的思想工作,鼓励他们配合幼儿园循序渐进地帮助汤汤养成正确的进食习惯。汤汤妈妈表示会尽量说服老人,逐步减少半流质食品的供给,增加一些需要咀嚼的食物,以提高汤汤的咀嚼能力。

在幼儿园内，我使用精神鼓励和物质奖励相搭配的方式，鼓励汤汤逐步养成适应咀嚼正常食物的习惯。除了提高汤汤的咀嚼能力，我还关注着汤汤其他方面的发展。

有一次，汤汤在美术区画画，他想选择红色的蜡笔画太阳，但是他的蜡笔盒里没有红色的蜡笔，他坐在桌前一动不动。后来看到别的幼儿的蜡笔盒里有红色的蜡笔，汤汤抬手就想去拿，但是想了一想又收回了手，继续发呆。10分钟后，汤汤失去了耐心，拿起黑色蜡笔随意涂抹了几笔就离开了美术区。

针对这个事件，我进行了细致的分析。汤汤在开始绘画的时候，是有一定想法的，但是自己的蜡笔盒里没有自己需要的颜色。当他发现边上的幼儿有红色蜡笔时想要伸手去拿，觉得不妥就收回了手，也可能是不知道如何开口或者比较胆怯不敢开口向有红色蜡笔的小朋友借，就此与红色蜡笔失之交臂。这主要缘于汤汤平时比较内向，几乎不与其他幼儿交流，在社交方面能力弱。

根据他的个人情况，我在幼儿园日常生活中有意识地引导汤汤学习如何表达请求帮助的话语，如：请你帮帮忙好吗？可以借给我用一用吗？等等。利用角色游戏的模拟场景，鼓励汤汤去找其他幼儿互动。开始的时候，汤汤比较排斥，不愿意参与，我就手拉手带领他参与，一步步引导。然后慢慢鼓励汤汤以帮助我的名义去跟大家互动，最后鼓励他独自与大家互动。

我也利用不同的契机鼓励汤汤大胆与同伴交流，从简单的问好开始，逐步增加难度，培养汤汤初步的社交意识，引导他掌握基础的社交技能。

经过一个月的练习，汤汤从开始的排斥到逐步接受，变化非常明显。虽然现在话语还不多，很多时候还是更愿意一个人玩耍，但是遇到其他同伴主动与他互动的时候他不再排斥。在他遇到困难的时候，也愿意向周围的同伴寻求帮助，但是还是比较腼腆，声音也比较轻。

在与汤汤妈妈的沟通中我了解到，汤汤在家几乎不会表达自己的想法，爷爷奶奶根据他的表情或者表现会自动送上帮助，长此以往导致汤汤对爷爷奶奶的依赖越来越强，这样对幼儿的社会性发展起到了相当大的反作用。

我与汤汤妈妈约定，一同关注汤汤的交往能力，家园协作一起对汤汤进行锻炼。

一次，在娃娃家游戏中，汤汤扮演"爸爸"。游戏开始后，他独自站在煤气灶前摆弄一个萝卜，扮演"妈妈"的红红后来将娃娃放在汤汤手上，让他负责照顾娃娃。过了一会儿，红红又让汤汤去把做好的饭菜端给客人，接着让汤汤给客人加点水等，汤汤按照红红的要求逐一做到，这期间没有不满与排斥。

汤汤经过一段时间的锻炼，逐渐与一些幼儿熟悉起来。遇到游戏能力比较突出的幼儿，也愿意接受、配合，然后逐一完成"任务"，逐步融入到幼儿之中，比之前有了很大进步。

一次进餐时，汤汤还主动与边上的顾顾有说有笑、打打闹闹，令人欣喜。

集体活动时，汤汤不再单独游离在集体之外，课堂上还能看到他偶尔的积极表现。

更可喜的是，汤汤妈妈也反馈了汤汤在家的良好表现，这给予了我更大的信心。相信不久的将来，汤汤会更好，更加自信、阳光、快乐，汤汤一定会拥有一个有意义的童年。

江苏省苏州艳秀幼儿园　徐琳

闹闹的心事

闹闹小朋友在中小班的时候一直都是比较活泼开朗的,但升入大班以来,他表现得有些暴躁,情绪很不稳定。最近,闹闹时常为了一点小事和小朋友大吵大闹,甚至动手打人,面对老师的教育引导也很抗拒,会闹情绪、耍脾气,不吃饭、不喝水、不说话,坐在椅子上不肯动。

我跟闹闹的家长沟通闹闹在园的表现,家长反映孩子在家也十分任性,有一次发脾气,还把奶奶的手咬破了,稍不如意就躺在地上打滚哭闹。

在与小朋友的聊天中,闹闹会时常讲到"我家小区门口有棵幽灵树""鬼屋里的魔鬼特别恐怖"等,有时还会做出一些"鬼脸"吓唬小朋友。闹闹在各种游戏活动中也提不起兴趣,一副心不在焉的样子。

从这些表现可以看出,闹闹的心理状态和情绪体验很不好。我与闹闹进行了沟通,尝试着去了解他、探究他。原来,在闹闹小小的心灵里,隐藏着一件难以释怀的心事。

闹闹的妈妈在老家小学当老师,工作繁多,一两周才能回家一次,平时也很少跟闹闹联系。加之升入大班后,亲子活动比较多,我们的家长开放日、家长义工等活动,闹闹特别希望妈妈能参加,但都未能如愿,日积月累,闹闹对此事一直不能释怀。

闹闹奶奶得知原因,不知如何正确引导,只觉得亏欠了闹闹。加之奶奶平时一味地宠爱、娇惯,满足闹闹的一切要求,这才使得闹闹越发任性。

我跟闹闹爸爸沟通，但闹闹爸爸表示很难走进闹闹的心里，无法体验闹闹的感受，只能耐心讲道理、哄劝，但效果不理想，忍不住的时候就训斥甚至责打闹闹，这反而加重了闹闹的抵触心理。

面对闹闹的心事，我和家长都焦急万分。于是我们共同商讨，从多方面着手，分析、寻找解决问题的有效方法。

我们尝试以一些"积极正能量"的说教，帮助闹闹调整、排解不愉快的情绪。比如："妈妈要给学校里很多的哥哥姐姐上课。如果妈妈不去，哥哥姐姐会很伤心，妈妈也会很难过，要体谅妈妈。"或者"闹闹不要不开心，周一到周五我们一起开心地玩，老师会像妈妈一样爱你，周末就会见到你的妈妈了！"

这样的说教会使闹闹的情绪暂时好转一些，但很快又会低落下来。慢慢我们也意识到，这样"积极正能量"的说教，对幼儿来说只是"假大空"的"套路"，并不能真正打开心结。

我通过电话、微信跟闹闹妈妈进行细致、频繁的沟通。毕竟幼儿的身心健康、快乐成长是最重要的，错过了将不可挽回。闹闹妈妈表示认同，也愿意多跟闹闹视频聊天，关心闹闹的日常生活。妈妈的改变，对闹闹起了非常积极的影响，闹闹也感受到了妈妈为他做出的努力。

我也跟闹闹沟通，让闹闹了解妈妈工作的特殊性，在感受妈妈的爱的同时给予妈妈一份理解。渐渐地，闹闹接受了妈妈不在身边的事实，但他能感受到妈妈的爱，情绪不再像以前那么暴躁了。

我与闹闹的爸爸和奶奶进一步沟通，我们相互配合为闹闹营造一个温馨快乐、是非分明、健康良好的生活环境，在充满爱的环境下熏陶闹闹的性情。

在幼儿园的一日生活中，我增加对闹闹的关注，多与他聊天，及时掌握他的情绪变化和心理需要，进行适宜的疏导和调整，给予更多的关爱与呵护，缓解他"想妈妈"的情绪。

我抓住闹闹好动、爱做事的特点，请他做我的"小帮手"，使其感受到自己对于大家是很重要的，是"有责任、被需要"的，增加他愉快的情绪体验。

渐渐地，闹闹响亮的声音经常会在我的耳边响起。

"老师，我帮你挂毛巾吧！"

"老师，快开饭啦，我来拿碗吧！"

"老师，我来铺桌布吧！"

"老师，我给小朋友发彩笔吧！"

……

当闹闹跟在我身边转来转去的时候，也正是我们"互诉心声"的时候。

我故作迷惑地问他："为什么我感觉现在的闹闹跟以前的闹闹好像是两个人了呢？现在的闹闹每天都很开心，还喜欢帮老师和小朋友做事情呢。"

闹闹说："那时候我还小，现在长大了，不能再那样了！"

我能感受到闹闹的内心变化，很欣喜。闹闹心里对于是非已经有了自己的认知标准，渐渐学会了控制自己的情绪了，也能主动寻找解决问题的办法，不再随意宣泄自己的不愉快了。

为了巩固闹闹的进步，我还利用读书活动，借助故事中有正义、有担当的角色进行强化教育。并且鼓励闹闹独自完成"小任务"，培养他的独立性。

日复一日，闹闹小小心灵里隐藏着的心事慢慢化解了！

这些可喜的变化，让我意识到，作为教师，要针对每个幼儿、每个家庭的不同状况，尽一切可能做好家园共育，细致观察、感受幼儿的心理状态、情绪变化。在家园生活的各个环节和细微之处，做个有心人，及时觉察问题，有效引导，伴随幼儿健康快乐地成长。

山东省济南二机床集团有限公司幼儿园　张蒨

韵韵自信了

韵韵今年4岁,是一个聪明细心、富有想象力的幼儿,但性格较为执拗。她的语言表达能力较强,注意力和自我管理能力较弱,缺乏自信心,挑食现象严重,喜欢吃肉,对蔬菜避而远之。在集体活动中,她经常跟同伴嬉戏打闹,打乱活动秩序。韵韵的父母工作忙,无暇照顾她,上学时将韵韵交给幼儿园,节假日时就将韵韵带在身边工作,沟通交流时间较少。面对韵韵的无理要求也只是一味的满足,使韵韵养成了蛮横任性等不良习惯。

因此,我对韵韵进行了一系列追踪。

到了晚餐时间,幼儿们津津有味地吃着碗里的甘蓝炒肉,而韵韵坐在椅子上正在和花卷作斗争,一会把花卷放开,一会又把花卷卷起来,这儿揪一点吃,那儿揪一点放在手里捏着玩。

"韵韵,一口花卷一口菜,吃饭了。"我小声提醒道。她听到后,连忙低下头找到一块肉吃了一口。

当我再次走到韵韵的旁边时,菜碗里的菜跟没动一样,她还在玩着花卷。

"韵韵,你怎么不吃饭呀?"我再次提醒道。

看到她无动于衷,我尝试走上前喂她一口和她聊聊,可是韵韵紧紧地闭着嘴巴,头用力地往一旁斜着,小手还不忘用力地阻挡已经盛了菜的勺子。无论我怎样劝说,最终韵韵还是一口菜也没吃进去。

《指南》指出:3~4岁的幼儿能够在引导下,不偏食、挑食,喜欢吃瓜果、蔬菜等新鲜食品，愿意饮用白开水，不贪喝饮料等。

为了改变韵韵挑食的不良习惯，我充分利用就餐前等间隙时间，开展一系列的餐前教育活动，帮助韵韵了解食物的营养价值，提高韵韵的认知能力，激发韵韵的就餐兴趣。当发现韵韵就餐有进步时，及时进行鼓励，提高韵韵的自信心，激发韵韵就餐的积极性。有时候我也对韵韵进行个别指导和帮助，以促进韵韵的发展。但是韵韵挑食的习惯时好时坏，并不稳定。

最近，班里有许多幼儿感冒、咳嗽等，身体不舒服，就餐欲望大大降低，为了促进幼儿们的就餐积极性，我用发小红花的方式进行奖励。这个方法果然奏效，多数幼儿积极安静就餐，而韵韵并没有被这种氛围感染。

我先是关心地问："韵韵，感冒好点没？"

韵韵点点头。

我说："韵韵，吃饭喽，一口饼，一口菜，吃完了有奖励哦！"我说着将小红花拿了出来。

韵韵犹豫了一下，然后点了点头，接着拿起勺子用力舀了一勺菜送进嘴里。

"韵韵真厉害，像一只大老虎呢，慢点吃。"我鼓励她。

但是韵韵吐了。我有点慌。

"有不舒服的地方吗？"我边为她擦拭边问她。

她摇了摇头。

"这样吧，先休息一会儿。"我随后又摸了摸她的额头，确定没有发烧。但是接下来，她却一溜烟儿地跑了，跟好朋友一起玩游戏。我愣在原地，看来今天的饭菜又不合她的胃口。通过奖励，虽然可以调动起幼儿就餐的积极性，但对韵韵似乎并不很奏效。

我计划通过在开展日常活动及餐前教育时说一些儿歌，培养幼儿良好的就餐习惯。然后通过家园合作，在家让幼儿独立就餐，培养幼儿的独立自主性。韵韵在这样的影响下，或多或少有了点进步。

一天早上，幼儿们吃蔬菜面条，香香的面条里面夹着几根菠菜叶。

我走到韵韵跟前时，发现她一边吃着面条一边用小手在碗里摆弄菠菜，我提醒说："韵韵，手上有细菌哦。"韵韵听后，快速将小手收回来，拿起小勺子低头认真地吃着。

这时，希希喊道："老师，我的勺子掉了！"我赶紧走了过去，弯腰去餐桌下面找勺子，没想到却意外地发现地面上有几根菠菜叶，抬头一看，正是韵韵的位置。

帮希希换了把勺子后，我来到韵韵的旁边说："韵韵，你低头看看桌子下面有什么。"韵韵低头看了看，没有说话。

我正准备晓之以理，韵韵不耐烦地拦住了我。我们彼此沉默了一会儿，我思索着：是不是我之前的教育方法不正确。我回忆韵韵一点一滴的改变，其实她是真的进步了。或许是我太着急，惹来了韵韵的不耐烦。我打算调整心态，放慢要求，循序渐进地引导，平时多跟韵韵聊天。

有一次吃晚餐时，菜是土豆丝炒肉，是幼儿们比较爱吃的一道菜。当我走到韵韵面前时，偷偷地看了看，韵韵正在用勺子摆弄碗里的土豆丝。我明白了她的意图，于是蹲下来跟她聊天："韵韵在干什么呢？"

"老师，我不愿意吃土豆丝。"韵韵撅着嘴巴说。

"老师这儿有一个秘密，谁也不知道的秘密，韵韵想不想知道？"我故作神秘地说。

"嗯嗯！"韵韵的好奇心被我调动了起来，笑着点了点头。

"来，把小耳朵凑过来，老师悄悄地告诉你。"

韵韵凑过来，我说："你知道大老虎为什么那么厉害吗？那是因为它从来不挑食，能吃肉也能吃蔬菜和水果，所以它的身体很健康，长得很强壮，小动物们都叫它森林之王呢！"

"身体强壮就很厉害吗？"

"身体强壮，才能棒棒哦。"

韵韵点点头。

我趁热打铁地说："老虎不挑食，所以很强壮，挑食的话会营养不良，不够强壮哦。"

韵韵说："可我不喜欢吃土豆丝呢。"

"细嚼慢咽，一开始可以少吃一点。"

韵韵听后疑惑地看着我，我肯定地点了点头。

"嗯，我要像大老虎一样厉害！"韵韵下定了决心，盛了一勺放在嘴里。

见她咽下去，我为她竖起了大拇指，得到我的肯定，她又吃了几口，尽管没有吃完，但她努力了，也进步了。

我把我的方法分享给韵韵的家长，希望达成思想上的一致。除了趣味引导韵韵进餐，我也着力帮助韵韵养成定点、定时、定量进餐的习惯；吃饭时不过分催促，提醒韵韵细嚼慢咽。

经过一段时间的跟踪与引导，韵韵现在能独立进餐了，挑食现象改变明显。

在一次午餐时间，菜是黄瓜炒虾仁，幼儿们拿起勺子开始就餐，韵韵也不例外，拿起勺子大口地吃着。当她发现我在看着她时，不好意思地笑了笑。

不一会儿，韵韵举起了小手，我走过去问："韵韵怎么了，有需要老师帮助的吗？"

"老师，我吃完啦！"韵韵指了指面前的菜碗。

还真是呢，碗内菜一扫而光。

我很欣慰韵韵的改变，而韵韵则露出了两个小酒窝，开心地笑着。

在我和家长的共同努力下，韵韵的挑食问题有所改善，不仅能够自己主动就餐，饭后主动整理餐具等良好的就餐习惯也在不断地培养和巩固着。

韵韵渐渐自信起来,在我的提醒下也能较积极地参与活动,自我管理意识也有所提高。

山东省滨州市滨城区市东街道中心幼儿园　辛瑞婷

皮皮的成长日记

　　《纲要》和《指南》的"家长工作指导"中都渗透着这样一种理念：家庭是幼儿园重要的合作伙伴。应本着尊重、平等、合作的原则，争取家长的理解、支持和主动参与，并积极支持、帮助家长提高教育能力。幼儿教育是在幼儿园和家庭两个环境下共同进行的，两者就如同一辆自行车的两个轮子，缺一不可，必须同时前进，相互密切配合。教师需起好自行车前轮把握正确前行方向的作用，帮助那些在幼儿教育过程中出现这样那样问题而束手无策的家长，让他们在观念的更正中体会科学育儿的价值。

　　皮皮，人如其名，一个活泼好动、敏感、调皮而又多变的小家伙。

　　小班时的皮皮虽然瘦弱，脾气却极坏。在家中只要是他认定的事，决不可以更改。否则，不管用什么办法，到最后家长也得乖乖地向他投降。

　　皮皮妈第一次和我长谈时，一个劲地长吁短叹，说到情急处还直掉泪，就是因为皮皮的专制和使人忍无可忍的坏脾气。

　　那个时候，母子俩在家里整天开战。多数时候，都是以妈妈打儿子、儿子骂妈妈这样的场面来结局。用皮皮爸的话说，整个家就是硝烟弥漫的"战场"。他也只能干着急，束手无策。

　　这个事情，我也做了深入的思考，还在网络上查找了解决问题的资料。

时机成熟，我主动约皮皮妈"共商大计"，制定出了一套应对皮皮的策略。

首先，我们认为当务之急是要改善皮皮和妈妈的关系，这样才能为妈妈进行有效的家庭教育做好必要的铺垫。

在平时和皮皮的闲聊中，我总是装作不经意地提起他妈妈。比如，皮皮穿了一件好看的衣服，我就会惊奇地说："这么漂亮的新衣服，谁送给你的呀？"皮皮就轻轻地回答我："妈妈。"或者这样问："皮皮，早饭吃了什么？好吃吗？谁做的呀？"在这样的对话中，皮皮逐渐不再那么讨厌妈妈了。

与此同时，皮皮妈也在家里实施她的方案：当皮皮发脾气的时候，妈妈不急着批评他，而是避开锋芒，先采用冷处理的方法，等皮皮平静下来之后再根据具体的事实，耐心地和皮皮讲道理。

一开始，皮皮还是爱理不理，只要妈妈一靠近他，他就"哼"一声，转身就跑。渐渐地，小家伙发现，妈妈变得和气了，不会因为自己的过失没头没脑地臭骂他一顿。慢慢地，家里的气氛开始变得和谐起来，小家伙的情绪也日趋稳定。

但是，皮皮妈第二次和我长谈时，还是一脸的无奈。因为皮皮的脾气还是那么坏，先前的工作虽然缓解了母子俩的关系，但最根本的问题还是没有解决，治标不治本。

在细细分析皮皮家的家庭结构之后，我们认为，造成皮皮脾气差的根本原因是家庭成员的意见不统一，祖辈过度宠溺，使皮皮妈妈失去了权威。平时皮皮犯了错，妈妈刚想管教，爷爷奶奶就会"及时"插手，轻描淡写地化解即将落到皮皮头上的暴风雨。

在征求了皮皮"后援团"（爷爷、奶奶、外公、外婆）的意见之后，我们开始实施第二套方案。

为了孙子的将来，爷爷奶奶只好睁一只眼闭一只眼。

可能小家伙发现爷爷奶奶不再一味地宠溺自己，便收敛了许多，妈妈的威信也就这样渐渐树立起来了。

有了"怕"的人,做起工作来就方便多了。

先从吃饭入手。

在家里,皮皮从来都是只吃零食不吃饭的。皮皮家每次吃饭时都会展开一场家庭大战,不是爷爷奶奶在后面追,就是爸爸妈妈威逼利诱,可往往都是以皮皮的胜利而告终。现在,即使没有爷爷奶奶的支持,皮皮照样不吃,任你软硬兼施也起不到任何效果。看着日渐消瘦的儿子,妈妈只好妥协,于是,每天的零食照吃不误。

皮皮妈又来向我求助。

我有些疑惑,没道理呀,在幼儿园皮皮每天的中饭都是吃完的,饭量还不小呢。仔细一思量,我终于明白了,皮皮在幼儿园里吃饭好,是因为幼儿园的活动量大,时间又长,他是真的饿了。而他一进家门,奶奶就会递牛奶、饼干,到了吃饭的时候,根本还不饿呢。

我建议皮皮妈不要一味妥协,应坚持应有的原则。当皮皮再次拒绝米饭的时候,爸爸妈妈把所有的零食都收了起来。皮皮哭闹不止,也不肯吃东西,非要吃零食,这次全家人一致不再妥协,尽管很心疼,但还是忍着。

第二天早上,皮皮一口气吃了两大碗稀饭。

有了这样一个先例,再树立别的规矩,就容易上手了。

一段时间以后,皮皮妈第三次和我长谈,满脸的得意:"老师,谢谢你,还是你有办法。皮皮不再那么依赖零食,脾气也好了很多呢。"听后,我也打心底里乐开了花。

在家园共育中,我们一直持之以恒地坚守着"密切沟通、真诚互动、科学前行"的方针,播种有了收获,付出有了回报。现在的皮皮比以前壮实了很多,虽然有时也出状况,但只要我们耐心地和他摆事实、讲道理,他还是会虚心接受、认真改正的。

在皮皮的个案追踪观察中,我得到了一些启示。教师的指导意识是引领有效家教的前提,如果我把家长工作当成普通的"额外教学"而简单对待的话,如果我在面对皮皮妈的"无助"时只把自己定位在倾听者角色上的话，那么，我也就不会产生对皮皮妈这个"束手无策"的问题进行细致指导的想法。

《幼儿园工作规程》指出："幼儿园应主动与家庭配合，帮助家长创设良好的家庭教育环境，向家长宣传科学保育、教育幼儿的知识，共同担负教育幼儿的任务。"幼儿园教育因为幼儿的年龄特点，不同于进入小学后相对比较规范的学习模式。在幼儿行为习惯的养成和多方面兴趣涉及的过程中，需要成人更多的关注与指导。家庭是幼儿园重要的合作伙伴，只有家园合作、双向互动，才能顺利完成幼儿园的保教工作，才能使幼儿健康地成长。

要想达成和谐、有效的家园共育，我们必须认识到教育对象的特殊性，所以教师除了要对幼儿进行教学，更要对家长进行科学育儿、有效家教的指导。

这件事也让我明白，教师的专业水平是家长信服的关键，如果我对皮皮的指导不能使皮皮有所进步，那就不容易取得皮皮妈的信任。皮皮妈正是有了信任，才会有多次与我主动沟通的意愿，我们才得以顺利地、积极地制定、调整出适合皮皮的教育策略。

光说不练是假把式，有什么能比"雪中送炭"更能触动家长的心扉呢？

这件事后，我与皮皮妈保持着良好的沟通，皮皮妈对我工作的支持也是较为积极的。在这样良性的家园共育中，皮皮健康、快乐地成长着。

浙江省绍兴市柯桥区浙光幼儿园　王鑫美

钰钰成长录

钰钰是一个性格外向、活泼可爱的小女孩,在班内年龄较小。她的语言表达能力较强,总是喜欢和比自己高出半头的诺诺、恺恺一起玩。但对于集体活动,钰钰的主动性较弱,不愿参与,自信心不足。经过托班和小班半年的锻炼,她的自理能力有所提高,但相对于班内其他幼儿自理能力仍较弱,依赖心强。

钰钰一直与爷爷奶奶在一起,父母在外工作时间较长,陪伴钰钰的时间较短。

面对钰钰的各种要求,爷爷奶奶无条件满足,过度的保护和包办代替,使钰钰变得过于依赖、任性、脾气倔、没有自信。

针对钰钰的种种,我进行了持续的观察与跟踪。

新的一天开始了,在彼此的问候中,幼儿们陆续入园。正在门口接待的我,听到了一阵阵哭闹声。顺着哭声望去,原来是钰钰正在拽着奶奶向门口走去,一边拽着一边含糊不清地说着什么。

我跟钰钰打招呼:"早上好,钰钰!来钰钰,来老师这儿。"但钰钰对我不理会。

奶奶看看正在哭闹的钰钰也束手无策。

经了解,钰钰哭闹是因为早上起床晚了,她非要穿裙子,可裙子已经洗了还没干,这才出现了早上的一幕,无论奶奶如何安抚,钰钰都持续不断地哭着。以往,面对钰钰的各种要求,爷爷奶奶都是有求必应,今天这个小风波,钰钰自然不会罢休。

其实，家长不能一味溺爱，面对幼儿不合理的要求，要适当拒绝，学会说"不"，并给幼儿讲清理由，或与幼儿商量做好某件事情后的奖励等。

《指南》中指出：健康是指人在身体、心理和社会适应方面的良好状态。幼儿阶段是儿童身体发育和机能发展极为迅速的时期，也是形成安全感和乐观态度的重要阶段。成人要为幼儿营造温暖、轻松的心理环境，让幼儿形成安全感和信赖感，帮助幼儿学会恰当表达和调控情绪。可以和幼儿一起谈论自己高兴或生气的事情，鼓励幼儿与人分享自己的情绪；允许幼儿表达自己的情绪，并给予恰当的引导；发现幼儿不高兴时，主动询问情况，帮助他们化解消极情绪。

根据《指南》的精神，我做了进一步观察。

一次户外活动，我们来到了大型滑梯活动区，幼儿们尽情地玩耍着。不一会儿，旁边仅有的两个秋千成了幼儿们争夺的对象。钰钰一直在秋千处徘徊着，不吵也不闹。

过了一会儿，我见钰钰还在等待，就提议："每个小朋友玩二十个数吧，二十个数以后就换下一个小朋友，想玩的小朋友去后面排队。"

幼儿们欣然接受了，都有秩序地排起队来，钰钰也夹在队伍里。可能是等待的时间太无聊，钰钰跑向了跷跷板，坐在上面东张西望。

这时，刚玩过秋千的依依起身离开秋千，和旁边的童童说起话来。钰钰确认依依不会再玩秋千以后，快速跑过去抓住秋千的绳子，如愿以偿玩上了秋千，开心地笑了。

本次活动中，钰钰一直是一个人游戏，面对喜欢的秋千，不敢或不好意思告诉小朋友，缺乏社会交往能力。针对这些，我建议钰钰的家长利用周末时间带领钰钰多去公园、游乐场，多接触一些人，锻炼勇气。我也主动亲近和关心钰钰，经常和她一起游戏或聊天，让她感受到与我交往的快乐，建立亲密的师生关系。同时，我也关注钰钰的感受，保护其自尊心，鼓励她自主决定，独立做事，增强自信心。

渐渐地，钰钰进步了。

在一次才艺大比拼活动中，我请小朋友积极主动展示自己的才艺，可以唱歌，可以跳舞，可以说儿歌，也可以讲故事等，幼儿们跃跃欲试，迫不及待地想要展示自己，钰钰也不例外。

钰钰慢慢地将小手举在胸前，带着一点紧张，但眼神里充满着渴望。可当她发现我笑着看着她时，立刻将小手放了下来，低着头不敢看我。

我走到她的面前轻轻问："钰钰准备了什么节目呢？"

钰钰小声说："我准备了古诗。"

"那你想给大家表演一下吗？"

钰钰点点头。

我牵着钰钰的手走上台。

小朋友们拍手鼓掌。在同伴的鼓励下，钰钰笑着表演完了，同伴再一次把掌声送给了钰钰。

钰钰这次能够在集体活动中主动举手，并在我和同伴的鼓励下进行表演，发音较为准确，吐字清楚，进步很大。其实，她的语言表达能力较强，但由于信心的不足，集体活动中不能完全投入、放松去做。所以，作为教师，我们应该善于发现幼儿身上的闪光点，让幼儿体验成功感，进而产生相应的自信心。

我有一些期待钰钰的下一次蜕变。

在一次户外活动时间，幼儿们在我的带领下分组进入寝室换衣服。

不一会儿，多数幼儿已经穿上了厚厚的外套，而钰钰依然抱着大羽绒服站在寝室门口东瞅瞅西看看，然后向诺诺跑了过去。

"你可以帮我穿衣服吗？"钰钰低着头不好意思地对诺诺说。

"可以啊！"诺诺爽快地答应了。

"谢谢诺诺！"钰钰有礼貌地笑了。

整理完毕后，钰钰开心地和诺诺抱了起来。

钰钰在逐渐进步着,之前的她总是习惯自己抱着衣服独自等待,现在逐渐学会了使用礼貌用语,并主动寻求他人帮助,进步很大。

于是,我多为幼儿提供自由交往和游戏的机会,鼓励他们自主选择、自由结伴开展活动,希望钰钰在这样的氛围下自由成长。

在一次集体活动中,幼儿们端端正正地坐着等待我的检验。他们把腰挺得直直的,生怕我发现不了,钰钰也不例外。他们在为竞争小组长而积极表现。

钰钰的眼睛一直追随着我,希望我可以选她来做小组长。当我走到她的身边时,她更加用力地挺直腰。我内心很欣喜,而她也因为自己的积极表现当选小组长,我看到了她脸上的喜悦。

这之后,我请她多做一些工作,当小组长、小班长、值日生等,多给她一些锻炼的机会,让她获得成功的自豪与喜悦。也鼓励她尝试有一定难度的任务,让她感受经过努力后获得的成就感。

钰钰不断进步着,自理能力和交往能力都有着不同程度的提高:从需要喂饭到现在的基本可以独立就餐;从不会穿、叠衣服,到现在能够自己叠衣服,学着穿衣服;从自己玩游戏,到现在能较积极地参与集体活动,有时还能举手回答问题,主动展示自己。钰钰在不断的进步、成长着。

良好的社会性发展对幼儿身心健康和各方面的发展都具有重要影响,家庭、幼儿园应共同努力,为幼儿创设温暖、关爱、平等的家庭和集体生活氛围,建立良好的亲子关系、师生关系和同伴关系,让幼儿在积极、健康的人际关系中获得安全感和信任感,发展自信和自尊,健康快乐地成长。

山东省滨州市滨城区市东街道中心幼儿园 辛瑞婷

宇宇的进步

宇宇是一名性格活泼开朗的幼儿，很喜欢和别的小朋友交往。但在平时的幼儿园生活中，能够看出他的手眼协调能力、动脑能力还不够强，需要通过锻炼来提高；宇宇的专注能力不够强，很容易就被别的事物分心。

在家庭方面，因为宇宇是家中的独生子，而且又和爷爷、奶奶、外公、外婆住在一起，长辈非常溺爱他，导致他非常任性，想做什么就做什么，毫无规则意识。而溺爱他的长辈，也把他的各种不好的行为归咎于年龄太小等，为他做的事情找借口。

对于宇宇的行为问题，我做了持续的跟踪。

彩色区

区域活动开始，宇宇来到了彩色区玩彩泥。他拿起盘子里的参考图片，选了一张自己喜欢的便开始行动起来。

他想做一只小白兔，便拿出黑色彩泥搓成团做小兔的眼睛。然后，宇宇又拿起了黄色的彩泥搓成条，他说："我要做一块好吃的甜品。"可是甜品还没做成功，宇宇就将黄色彩泥放回去，拿出了另外一张参考图要做一辆小汽车。

最后，区域时间到了，宇宇什么都没有做成功。他将彩泥放入彩泥罐中，收拾好东西，便坐回了自己的位置上。

宇宇在整个过程中，是带着目的去操作的。但是他坚持不了多久，又会换一个目标。在不停换目标的过程中，他既耽误了时间，又没有完成想要完成的作品。

基于这次观察，我进行了思考，像宇宇这种情况，下次我可以适当地在他操作的时候，给予一些帮助，如和他一起讨论游戏技巧，或商量选择难度适宜的游戏内容等，也可以让小朋友和他一起合作，互相学习。在区域总结时，我再将游戏中的问题提出来，让小朋友一起讨论，找到较好的完成方法。

就这样，宇宇又到彩色区玩彩泥时，我让腾腾和他两人一组一起做东西。他们两个相互讨论、商量，最后做出了一个较简单的甜品，在之前的基础上有了提高。

插塑区

在插塑区中，一抹身影久久地立在那里，迟迟不见动静。在干什么呢？走近一看，原来宇宇被拼图中的某一环节卡住了，思考很久也没有想出解决问题的办法。

问题其实很好解决，宇宇找对了拼图的相应位置，可是却弄错了方向。

炜炜回头找积木时，无意中发现了宇宇遇到了困难。他先观望了一会儿，发现宇宇遇到的问题的原因后，伸出了帮助宇宇的援手："你这块拼图方向反了。"

宇宇又尝试了一遍，这下成功了。

炜炜并没有马上坐回去，而是在旁边观察宇宇拼拼图。不一会儿，宇宇又遇到了相同的问题。炜炜再次给出建议。经过了反反复复的尝试、操作，宇宇在炜炜的帮助下完成了整幅拼图。

宇宇在这次拼图的过程中注意力是比较集中的，但他总是在方位辨识上出现问题，说明他并没有完全掌握拼图的技巧。在拼图过程中，有伙伴要帮助他，他也非常愿意接受，认真地聆听，最终在同伴的帮助下完成作品，有了一定的坚持性。

基于本次观察,我认为应该加强对宇宇的空间感训练。可以先从简单的拼图开始训练,然后逐渐增加难度,循序渐进。也可以安排幼儿之间的合作拼图、拼图比赛等小活动,为他们提供更多练习的机会。还可以引导家长在家为宇宇提供各类拼图让他多练习,拓展操作面。

就这样通过不断的练习,宇宇能够独立完成20块及以内的拼图,初步掌握了完成拼图的基本方法,在原有的基础上得到了一个阶段性的提升。

生活区

宇宇今天来到了生活区,拿了一份叠叠乐的杯子玩具,开始操作。他将杯子一会儿叠成一堵墙,一会儿叠成高低不一的房子。

但没多久,宇宇便将叠叠乐收起来,去看新的操作材料。他选择的是一份串珠材料,开始按照自己喜欢的颜色串起来。在这个过程中,他的注意力一直比较集中,也没有分心去和他人说话。不知不觉中,他的珠子越串越长,最后串成了一条项链。

这次游戏,宇宇虽然很快就更换了操作材料,但他在串珠活动中表现出了专注、耐心。由此可见,在遇到了宇宇感兴趣的操作材料,并且又符合他的发展水平的情况下,他的注意力会有所提升。

基于这次观察,我调整策略,认为宇宇在操作时,可以更加有目的性、明确性。也可以根据宇宇的兴趣点,让他用自己喜欢的方式操作各种材料。

架空场

外面淅淅沥沥下着小雨,今天的天气不算好。但是篮球课如期进行,幼儿们都在认真地和老师一起学习拍球技能。

有一抹身影跟着老师的节奏一起练习着,看得出来,此刻的宇宇是非常专注且认真的。他一会儿拍球、一会儿投篮,虽然接触球的机会比别的幼儿少，但看得出他很快乐。

根据这一个月来的跟踪、分析及整改，宇宇在专注能力、操作能力、规则意识等方面都有了一定的进步。现在的宇宇在进区选择操作材料时，不会随意的去拿一份玩了又送回去，而是初步懂得如何根据自己的兴趣进行选择；在操作的过程中，开始变得有目的性，知道自己该怎么玩，而不是随意摆弄了。

我也多次利用课余时间，找宇宇的长辈们谈话。分析宇宇出现这些情况的原因。现在宇宇的长辈们也不会一味地溺爱宇宇，而是遇到了事情会去分析，遇到原则性的问题会认真对待。

宇宇也逐渐感受到了，他提出无理的要求，长辈不会像以前一样一味地顺从他，他变得不再那么情绪化了。

之后，我还会继续跟踪宇宇的各方面情况，相信他在这个过程中，也会和老师、家长共同成长、进步！

广东省深圳市福田区福田小学附属幼儿园　许悦

十分钟的奇迹

凡凡，一个5岁半的小男孩。他不爱与别人交流，却爱自言自语地背诵唐诗，无论上课、游戏、睡觉都会不停地念唐诗。他不爱与别人玩耍，常常四处游走、独自游戏。

通过与凡凡家人的沟通和交流，我了解到凡凡有一些自闭，常常沉浸在自己的世界里。

午餐后，距离凡凡爸爸妈妈来接大约还有十分钟的时间，别的小朋友都准备上床睡午觉，这时凡凡开始游走起来，我喊破嗓子他都不回答。

这短短的十分钟，如何让他既能安全独处，又能集中注意力呢？

我观察了他好几天，发现他对活动区的玩具只有一两分钟的玩耍兴趣，但是在图书角里却能非常专注地持续很长时间。

凡凡的家长反馈，凡凡喜欢看书和背唐诗。

中班的幼儿开始有了整理的意识和习惯，但是每天教室里的图书角都很乱。想到凡凡喜欢阅读，我想让凡凡在图书角里度过这特殊的十分钟。

无序混放的十分钟

"凡凡，你看我们的图书角乱七八糟的，你帮帮我们吧，把图书整理一下，好吗？"我事先征得他的同意。

凡凡犹豫了一下，点点头。

几分钟后，凡凡跑过来拉着我的手，指着图书角小声说："整理好了。"

我顺着凡凡手指的方向看去，只见大大小小、各种类别的图书，歪歪扭扭地堆成了一座小山，比之前更乱了。

我心里叫苦，但看着凡凡喜悦的眼神，我迅速地调整好情绪，笑着说："谢谢你哟！但是好像不太整洁，明天我们重新整理吧！"

凡凡听了，轻声地回答道："好！"

为了防止凡凡到处乱走，我才想到请他整理图书。当他用很小的声音告诉我"书整理好了"的时候，说明凡凡完成了任务并有一定的任务意识。当他邀请我检查的时候，说明潜意识里希望得到老师的表扬。

虽然我对他整理的结果有些失望，但也非常高兴，因为在这几分钟里他没有无目的地到处游走。

后来，我把这个方法和凡凡爸爸进行了交流讨论，爸爸说凡凡在家里看书从来都是随拿随放，更别说整理了。大人的包办代替，让凡凡习惯了乱放图书。

大小叠放的十分钟

午饭后，我请凡凡整理图书，根据凡凡上次整理图书的情况，我对他提出了新的要求："凡凡，我们的图书有大有小，在整理的时候可以按大小分类摆放哦，看，就像我这样做！"我一边说一边给他做示范，并引导凡凡观察图书的大小、摆放的方法等。

凡凡点点头。

"凡凡，现在该你来整理了。"我话刚说完，凡凡就开始忙碌起来。只见他拿着一本大书左看右看，再拿着一本小书来回比划……

当他再次邀请我检验他的成果时，我有些欣慰。这次虽然没有摆放得很整齐，但是明显可以感觉到书是按大小分类摆放的。更可喜的是，接下来的几天中午，凡凡都自觉地去整理图书，我就在一旁默默

地关注。

我发现凡凡在整理图书期间,没有四处游走,他沉浸在整理图书的乐趣中。

就这样,图书角的书在凡凡每天的整理下慢慢地变得越来越整齐,凡凡整理图书的时间也越来越短。为了鼓励、表扬凡凡,每次整理好后我都会奖励他一个小礼物。

按大小整理图书,一般的幼儿可能几次就掌握了,可是凡凡却需要十几次甚至一个月,这都是与凡凡的特殊性分不开的。在这期间,通过我的持续观察、正确引导、不断监督并给予鼓励,凡凡终于坚持并成功了。

这些说明凡凡对事物有一定的坚持性、持续性,并且是能够通过不断学习获得进步的。

为了让凡凡坚持整理的好习惯,我觉得应该将他的进步展现给大家,让所有的小朋友、凡凡的家人都看到,进一步增强凡凡的自信心、成功感。

分类摆放的十分钟

持续按图书大小整理一个月后,我给凡凡加大了难度,要求他将图书分类摆放。

我和往常一样先是引导示范,让凡凡将图书按大小整理,再请他观察书的各种类型,比如"厚薄""软硬"……刚开始,凡凡总是会放错,但是我不灰心,一遍一遍地监督、纠正、鼓励。一个学期下来,班级的图书角总是最整齐的。

一天早餐后,我特意请小朋友参观了图书角,并表扬了凡凡,请小朋友向凡凡学习。在小朋友们的掌声中,凡凡害羞地低下了头,攥着小手露出了浅浅的微笑。

从不表达情感的凡凡给了我一个大大的拥抱。

我也将凡凡整理好的图书角照片发到家长微信群,请大家观看、学习，家长们都对凡凡竖起了大拇指。

每天十分钟，坚持一个月、两个月、甚至一学期，凡凡终于成功地学会了整理图书并乐此不疲。凡凡体验到了成功的喜悦，也得到了小朋友、家长的认可，有了自信，更重要的是他愿意向他人表达自己的情感了。

我国著名的教育家陶行知先生说过："真的教育是心心相映的活动，唯独从心里发出来的，才能达到心的深处。"有行为问题的幼儿更需要教师用心教育，教师应关注幼儿，从而发现幼儿的闪光点，帮助幼儿找到自信。

每一位有行为问题的幼儿的实际情况都是不同的，这就要求教师深入了解他们的行为习惯、爱好及其行为背后的原因，从而确定行之有效的对策，因材施教。

就像凡凡，哪怕只是短短的十分钟，只要合理利用，它也会创造奇迹！

重庆市沙坪坝区新桥医院幼儿园　袁小华

角落里的向阳花

"边缘儿童"是指在幼儿园集体活动中，社会交往及群体表现等均有别于其他幼儿，在某些方面有特殊需要的个别幼儿。他们在老师眼里是"特殊儿童"，在家长眼里是"问题儿童"，在同伴眼里是"奇怪儿童"。

"边缘儿童"的一些行为特征，往往导致他们不能较好地融入班集体，不能较好地与同伴进行交往，这对"边缘儿童"的发展是十分不利的。

班级里的帆帆，当老师在上课时，经常会一个人离开椅子，跑来跑去；当大家都在安静地认真听故事或者看动画片时，他会不合时宜地突然惊叫起来；在娃娃家建构时，其他幼儿把"房子"好不容易搭建完成了，他总会去将人家的作品毁坏……而当老师对帆帆的行为进行批评指正时，他便会生气地发出尖叫，有时也会产生一些攻击性行为。

多数情况下，帆帆会表现出思想游离的状态：当大家整队结束活动时，帆帆会突然大声喧哗，然后脱离队伍，跑到其他地方。在大家进行集体游戏时，帆帆则喜欢一个人在角落里摆弄自己的玩具，不融入到大家的游戏中去。当其他幼儿在活动中与老师、同伴积极互动时，帆帆则置之不理，神情也总是游离在外。

帆帆喜欢游戏，却不能与同伴进行正常有效的交往。他有自己的兴趣爱好，却无法在集体教学中做到注意力集中。

帆帆总是沉浸在自己的小世界里。渐渐地，同伴就不选择和他一起玩了。

针对帆帆的情况，我查找了一些资料以及采取了一定的措施，想改变他的现状。我依托"好习惯之树"，让他靠自己的努力得来奖励，以培养其良好的行为习惯。

我们班每个小朋友都有属于自己的"好习惯之树"，通过各种活动，获得不同的奖励存入"好习惯之树"。

对于"边缘儿童"，则可以设定专门的奖励目标，能顺利完成目标就可以获得相应的奖励。

通过这样的方法，帆帆的好胜心、约束力被激发了。

在集体活动时，帆帆不再大喊大叫了。

在游戏时，帆帆和同伴有冲突了，会尝试与同伴进行交流、协商。

在进餐时，他不再将自己的饭菜扔在地上或同伴的餐盘里，而是努力保持良好的进餐习惯。

就这样，我根据帆帆的表现给予不同的奖励，他将奖励存入自己的"好习惯之树"，等待周末时的评比。评比时，大家一起来交流。"好习惯之树"里存放奖励多的幼儿，可以兑换相应的礼物。

在这样的竞争环境下，帆帆多次兑换到了自己心仪的小礼物，这也大大促进了他良好习惯的养成。

随着幼儿们升入中班，他们不再局限于"实物的奖励"，教师的拥抱或表扬也是有效的奖励。我经常在集体面前表扬帆帆，将他的亮点行为在集体面前扩大化，让其感受到集体的肯定，增强他的信心。

到了大班，幼儿们的思维相对比较成熟了，我则利用一些"特殊机会"来肯定帆帆正确的行为，比如实现心愿，邀请他当小老师等。

除此之外，我还开展多维互动，树立正确的榜样示范作用，打开帆帆的心结，进行有效的干预，让他不再游离于集体之外，而是有效地融入班级生活。

在幼儿的眼中,教师是无所不能的,也是幼儿们争相模仿的对象。在有效的干预中,教师起着引领示范的作用。因此,我首先端正了自己的态度,要求自己不能用另类的眼光对待帆帆,要给予其充分的理解和尊重。

幼儿在前,教师在后。同伴的影响也举足轻重。同伴之间的互相学习与交往,是提高边缘儿童社会性交往的重要途径。有效的同伴互动可以让边缘儿童感到同伴的力量与存在感,不再沉浸于自己的世界里。

我尽量为帆帆创造与其他同伴相处的机会与条件,提高帆帆的交往能力,让他体验与同伴互动带来的精彩体验。

幼儿园是以游戏为主要活动的,幼儿天生是游戏的主导者,而游戏也是幼儿最好的学习方式。各种角色的扮演,可以使幼儿在模仿中强化形成良好行为习惯的意识。

由于在游戏中避免不了交往与沟通,教师可以在特定的游戏情节中"捣捣乱",比如给扮演医生的"边缘儿童"多制造一点问题,引导他们思考、解决问题。在解决问题的过程中,他们会增加与同伴的交往与沟通,甚至是合作。这不仅可以让他们体验到合作带来的成就感,也可以不断提高他们自身的交往能力。

提高边缘儿童的社会交往能力不是一朝一夕的事情,需要家长与教师很好的配合,携手合作,利用各种资源为"边缘儿童"的发展创造良好的条件。

《纲要》中指出:"幼儿园应主动与家长配合,帮助家长创设良好的家庭环境,向家长宣传科学保育教育幼儿的知识,共同担负幼儿教育的任务。"家长也要及时做好与教师的沟通工作,在家多培养幼儿的兴趣爱好,了解边缘儿童的兴趣点,一起商讨、制定有效的干预方案。

家长在日常生活中,也应为幼儿多提供与同伴交往的机会,可以让他们跟弟弟妹妹或者同龄幼儿多沟通交流,并传授一些交往技能给

"边缘儿童",帮助他们改变与同伴的关系,体验与同伴相处的乐趣。

家长要做好榜样示范,家长的言行举止会深深地影响幼儿。

家长应当多陪伴幼儿、了解幼儿,并就幼儿的行为及时与教师做好沟通。

家长可以多带着幼儿去旅行,扩充幼儿的视野,在旅行中让幼儿尝试去解决一些问题,多为他们提供与外界交往的机会。

制定有效的干预策略,科学地引导,不仅可以让"边缘儿童"融入集体生活,也可以促进他们的身心健康发展。

角落里的向阳花,请尽情盛开吧!

浙江省海宁市实验幼儿园教育集团文苑幼儿园　钱丹婷

走出心灵围城

早上来园时,我主动和成成打招呼,并把他拉到身边看着他说:"成成早上好。"

成成目光游离,回应道:"成成早上好。"

我又问道:"成成,我是谁?"

成成也回应道:"我是谁?"

看着成成远去的背影,我若有所思。

到了户外锻炼时,幼儿们都在开心地运动,成成钻到垫子下面躲了起来。我把他带出来说:"我们和小朋友一起玩好吗?"他扭动身体,一下跑开了。我只要走近他,他就跑开。

于是,我不再去靠近他,他在边上走来走去,看了一会儿,又钻到垫子下面躲了起来。我不禁皱起眉头,看着躲在垫子下面的成成有些无奈。

到了区域活动时间,小朋友在建筑工地搭积木,成成走到他们边上看着。我尝试与成成搭话,他不理我。于是我求助其他幼儿,对其他幼儿说:"你们和成成一起玩好吗?"幼儿们点点头,但成成却不愿意加入他们的游戏。

我鼓励成成:"跟小朋友们一起玩很好玩的哦。"成成勉强点点头,加入了小团队。但没一会儿,幼儿们就不愿意和成成一起玩了,把成成隔离在外。

根据成成的语言表达、社会适应、人际关系的表现分析,我发现成成在与他人交流时,目光不会去关注与他交流的人,他的回答也常常是不断重复别人的话,回应能力的薄弱导致他不能很好地与他人进行交流和沟通。由于成成缺乏交往意识,没有与他人交往的经验,在活动中不会主动选择同伴,导致成成往往游离于各种群体活动之外。

在一日活动中,幼儿们的小团体意识很明显,常常是以团队的形式开展活动,游戏时更是跟自己要好的伙伴在一起。而成成和他们不交流,更没有共同话题,所以常常被排挤在外。

《纲要》指出:"人际交往和社会适应是幼儿社会学习的主要内容,也是其社会性发展的基本途径。"为了让成成融入到集体中,我通过音乐这一媒介开展活动,然后联合家庭,用家园共育创造机会,逐步提高成成各方面的能力。

幼儿与生俱来就对声音感兴趣,并能感受音乐带来的快乐,而听唱训练更是能够在有社交障碍倾向的幼儿与同伴之间架起一座沟通的桥梁。在第一阶段中,聆听音乐让成成在感知音乐中能与同伴、老师有目光交流,并在老师、同伴的引导下做简单的回应,调动他的积极情绪。

第一阶段预设计划

阶段	阶段目标	课程内容	家庭辅导
第一阶段	1. 能与同伴、老师有目光交流,并做简单的回应。	《你好歌》《小手拍拍》《手指歌》《拍手碰脚》	1. 引导幼儿与他人交流时有眼神交流,并尝试回应。2. 协助幼儿找家庭周围的同龄好朋友一起玩。
	2. 帮助幼儿寻找比较合得来的同伴。		

如在《你好歌》活动时,我对着成成把歌词改成了"你好成成,点点头,你好成成,握握手"。唱的时候发现他会看着我的眼睛,嘴

里也反复唱着"你好,你好"。对于成成这一表现,我及时激励,伸出大拇指说:"成成真棒。"这时,边上的萱萱握住成成的手,边唱边跟他做握手的动作。

音乐律动可以调动幼儿身心各方面的潜力,为社交障碍倾向幼儿提供一种释放、无压力的自我表达空间,可以通过模仿,为幼儿创设轻松的心理氛围。在第二阶段中,榜样的激励、同伴的接纳,会给成成带来开心、愉悦的心理感受,能够更好地激发他的参与愿望。

第二阶段预设计划

阶段	阶段目标	课程内容	家庭辅导
第二阶段	1.朋友邀请时不拒绝,坚持一起玩。	《找朋友》《身体音阶》《摘果子》	1.引导幼儿在别人的邀请下一起玩,不离开、不拒绝。 2.幼儿与他人交往时,会使用握手、拥抱等一些肢体动作。
	2.使用一些简单的语言和肢体动作与他人交往。		

如在律动"找朋友"活动中,音乐响起时,其他幼儿边唱边做各种动作,当唱到"你是我的好朋友",大家都拥抱在一起时,我和成成说:"来吧,我们一起抱抱。"在第二次游戏时,成成突然跑过来抱住了悦悦,悦悦开心地说:"成成也是我的好朋友。"说完也用力抱了抱成成。

为促进幼儿互动中良性循环的形成,在第三阶段器乐演奏的协同合作中,让成成学习与他人合作的方法,关注到在集体活动中有其他小朋友的存在,知道与他人合作就能演奏出好听的音乐,这为成成提供了人际间相互交往和共同活动的机会和条件。

如在"大雨小雨"活动中进行节奏练习时,成成拿了一个铃鼓自

第三阶段预设计划

阶段	阶段目标	课程内容	家庭辅导
第三阶段	1. 愿意在同伴的引领下参与到集体活动中。 2. 能够和朋友一起合作完成一件事。	《大雨小雨》 《小雨沙沙》 《土耳其进行曲》 《快乐跳跃》	1.通过语言、动作暗示，让幼儿与同伴交往。 2.引导幼儿一起合作完成一件事情。

由拍打，我走到他边上说："我们和小朋友一起来打节拍。"边说边握着他的手引导他拍打节奏，让他感受正确的节拍。渐渐地，成成也能跟上其他幼儿的节拍，一起合作拍打起来。

游戏是幼儿最喜欢的学习方式，丰富多彩的音乐情境游戏为有社交障碍倾向的幼儿创设了更多的交往情境。第四阶段，我在游戏中抓住幼儿主动融入集体的机会，适时介入指导，在最自然的状态下促进幼儿主动参与到游戏活动中，强化他的交往行为。

如在"找小鸭"的音乐情境游戏中，有游戏的背景和小鸭子的头饰，刚开始成成在同伴的带领下，只是跟在小朋友后面做游戏。在第三次游戏时，我说："谁想做小鸭子？"成成突然说："我要做小鸭子。"等小朋友找到他后，他开心得手舞足蹈。

通过四个阶段计划的实施，我逐渐发现了成成的转变，他的自我意识、与人交往能力都有了明显的进步。

当然，对成成的干预是一个漫长的教育过程，在这个过程中，成成需要教师、家长以及同伴的鼓励。

我也将继续为他创设更多良好的环境和条件，增加人际交往的机会，用爱点燃他的心灵之灯，让他幸福健康地成长。

浙江省海盐县秦山中心幼儿园　朱旻

被"关怀"笼罩

宇宇是一个很可爱的小男孩,胖乎乎的小脸上还戴了一副小眼镜,就像一位知识渊博的小博士。宇宇的父母都忙于工作,平时由姥姥在家中陪伴,姥姥从不带宇宇出门散步、游玩,偶尔去亲戚家做客,他也很不情愿。

在日常生活中,宇宇是个乐观的幼儿,但他没有熟悉的小伙伴,小朋友们因为他动作缓慢而不喜欢和他一起游戏。宇宇各方面能力发展较迟,尤其是动作发展,做什么事情都慢吞吞的,生活自理能力很弱,一般都是由姥姥包办。

宇宇很希望大人们能时刻关注他的表现,及时给予鼓励和表扬。当他完不成任务时会很焦急地找到老师,边哭边说:"老师我不会。"

他在家最喜欢看动物的动画片,对于喜欢看的动画片百看不厌。

针对宇宇的情况,我先进行了一段时间的观察,随时给予帮助与引导。户外活动时,初秋室外气温20度以上,宇宇身穿两件羊毛衫、一件马甲,外加一件短风衣。当我提出宇宇穿得太多,不利于活动时,对宇宇关心备至的姥姥说:"宇宇怕冷,容易感冒,不能给他脱衣服。"

看着其他幼儿一个个精神抖擞,动作灵活地玩着大型玩具,宇宇在其中显得有些不协调,短短几分钟已经满头大汗了。对于那些幼儿们喜欢的攀登架、旋转滑梯等,宇宇更是不敢尝试。

看着宇宇想参与而又害怕的样子,我先为他脱去了短风衣,又一次热情地去邀他参与:"宇宇,你看小朋友在旋转滑梯上玩得多开心,一起玩吧。"见他还有点害怕,我耐心鼓励,并伸出了手:"你看,小朋友从滑梯上滑下来没有摔着哦。这样吧,我的手借给你用,你怕摔下来时,扶着我的手。"

宇宇终于试着登上了滑梯,眼睛不断看着我,我始终微笑着注视着他,手始终放在他随时可扶的地方。我不断鼓励他,并组织其他幼儿为宇宇加油。宇宇顺利地从旋转滑梯上滑下来,在大家的掌声中,他开心得跳起来:"哈哈,旋转滑梯真好玩!"

第二天早晨,宇宇拉着姥姥的手兴高采烈地来到了幼儿园。走到教室,他笑眯眯地从口袋里掏出一个恐龙玩具,自豪地说:"这是我带来的动物玩具,我家还有很多恐龙呢。"

旁边的林林好奇地问:"恐龙是动物吗?"其余的小朋友也都围上来想看个究竟,七嘴八舌地问起来。开始时,宇宇的声音还很轻,后来渐渐响了起来,"我告诉你,这是霸王龙,是最厉害的恐龙。""你弄错了吧,会飞的恐龙才是最厉害的。"马上就有小朋友提出反对意见。

"霸王龙最厉害。"宇宇把求助的目光投向了我。我适时介入:"什么恐龙最厉害,我们一起回家请教爸爸妈妈,明天再讨论吧!"

第二天,宇宇有备而来:"霸王龙是食肉恐龙,它有尖尖的牙齿。"宇宇的结论得到了其他幼儿的认同。"到底什么恐龙最厉害"这个问题大家也不再纠结了,并且在相互交流中学习了很多关于恐龙的知识。宇宇在这次表现中,很得意、很满足,树立了信心。

《纲要》指出:"幼儿园的教育是为所有在园幼儿的健康成长服务的,要为每一个儿童,包括有特殊需要的儿童提供积极的支持和帮助;幼儿园教育应尊重幼儿的人格和权利,尊重幼儿身心发展的规律和学习特点,以游戏为基本活动,保教并重,关注个别差异,促进每个幼儿富有个性的发展。"

幼儿园的教育是有限的,只有家园配合,才能更好地帮助幼儿不

断地进步；只有家园配合，才能更好地培养出幼儿的良好个性。

通过家访，我与宇宇妈妈进行了深入的沟通，希望宇宇妈妈和姥姥能在家多给宇宇锻炼的机会，给他自由支配的时间，让他自己做自己的事，让宇宇多和同龄人在一起，学习必要的交往技能。

宇宇妈妈赞同我提出的建议，并与我达成共识，表示今后会多创造和宇宇交流的机会，多利用周末时间带宇宇出去玩，在生活中尽量多创造宇宇与其他小朋友接触的机会。我们共同为帮助宇宇形成良好的个性而努力。

在日常生活中，我与宇宇妈妈保持电话联系，通过家园联系册一起讨论宇宇在学习生活中遇到的各种问题，还积极邀请宇宇妈妈参加半日开放活动，让宇宇妈妈直观了解宇宇的在园情况。

由于宇宇早上入园比较早，我就经常委托他整理区角、摆放桌椅，并有意识地在大家面前夸奖他，让他体验劳动的快乐，增强他的集体荣誉感。

我与部分交往技能较好的幼儿商量，请他们主动和宇宇交往，和他成为好朋友。平时我也注意多组织一些合作性游戏，让宇宇和大家一起玩，教给宇宇与大家相处的方法，让他体验与小伙伴一起玩耍的快乐。

由于宇宇生活技能比较差，在平时我经常给予个别指导：教他如何叠被子，如何做值日，如何整理自己的物品。

我尽力创设一个能使他感受到被接纳、被关爱和被支持的良好环境，避免单一呆板的言语说教。组织丰富多彩的教育活动，运用灵活多样的教学方法，激发宇宇的学习兴趣和求知欲望。

通过一段时间的辅导，宇宇有了明显的转变：他不需要别人的帮助，能自己叠被子；能心情愉快做值日，自理能力有了较明显的提高；喜欢为集体做事，能比较主动地参与到班级的各项活动中；做事不再缩手缩脚，自信心有了明显提高。

宇宇开始和小朋友交往，并学会了一定的交往技能。偶尔与小朋友发生争执，他也学会了克制，不再掉眼泪，初步学会了与人合作。自由活动时间，宇宇有时和小朋友下棋，有时和小朋友一起看书……他现在不再孤单，已能和小朋友愉快地相处了。

虽然宇宇在活动中仍动作缓慢，但已经比以前好多了，能够自己独立完成老师布置的作业，而且写得很认真，还成了老师的小助手。

社会学习是一个漫长的积累过程，需要幼儿园、家庭和社会密切合作，协调一致，共同促进幼儿良好社会性品质的形成。幼儿与成人、同伴之间的共同生活、交往、探索、游戏等，是其社会学习的重要途径。我们的努力取得了一定的进展，宇宇的社会性发展明显，我们都为他高兴。

从这件事上，也让我了解到家庭教育的重要性是不可估量的。幼儿期是一个人性格形成的主要阶段，父母不但要满足幼儿物质上的需求，更要注意幼儿的精神需要。

家庭是幼儿最早接触的环境，父母对待幼儿的正确态度、和谐的家庭气氛、严而适当的教育方式及父母的榜样示范作用是幼儿形成健康个性和行为的必要条件。家庭成员之间的关系应当是和睦、平等的，彼此应互相关心、爱护。幼儿在良好的情感环境中生活、成长，他们会感到自由、舒畅、温暖、幸福。

教师和家长要善于发现幼儿的闪光点，培养他们的自信。教师和家长要使幼儿相信自己有优点和长处，从而为他们树立"我能行"的观念，让幼儿充满信心地面对自己。

我们要以爱心、耐心来关注幼儿，了解他们的内心，尊重他们的个性，善于赏识，多肯定和鼓励他们。

每个幼儿都是一块玉，一块未经雕琢、没有成型的玉。只要我们能正确引导，加上有效地实施教育，每个幼儿都会焕发出不一样的光彩。

山东省济南二机床集团有限公司幼儿园　刘肇莹

"语"你同行

语言发育迟缓是指由各种原因引起的儿童口头表达能力或语言理解能力明显落后于同龄儿童的正常发育水平。语言发育迟缓若不及早加以有效干预，会对儿童的智力发展形成阻碍，而有效的训练可以在练习中缓解这类问题。

洋洋6岁了，语言发育迟缓。在与洋洋妈妈多次沟通后，我了解到，洋洋两周岁的时候，家长就发现他语言方面有问题，先后带他去儿科医院做了听力筛查和智力测试，当时医生说没什么问题，因为有的小孩可能就是说话晚。

到了三周岁的时候，洋洋还是只会说"妈妈"两个字，其他不会的就用"啊"来代替。换了一家儿童医院做检查，洋洋身体各项指标显示没有问题，但是语言发育迟缓。经过专家分析，建议做语言康复训练。

根据了解到的情况，在一日生活中，我重点跟踪观察洋洋的表现。

洋洋存在构音障碍，平时愿意说话，不排斥与他人交流，但是说话的时候有点慢，不流畅，同伴不能打断他，得等他说完了再说，不然他就会急。在发音的过程中，也有部分音发得不清楚，容易混淆，如g说成d、k说成t、h说成f等。

除了语言发育迟缓，洋洋的经验与表征、因果关系、概念形成发展较好；视觉辨认、听觉辨别、触觉辨别和味嗅觉记忆都比较好；站、坐、爬、跳、行走能力、简单的操作能力、双手配合握笔写画、工具使用、手眼协调能力等也较好；能够自己吃饭、脱衣、穿衣、穿鞋；愿意与人交谈，能主动打招呼；会正确表达自己的情绪。

也就是说，除了言语功能，洋洋其他各方面发展都符合这个年龄段幼儿的发展标准。

通过一系列观察与分析，我针对洋洋语言发育迟缓这一问题，有针对性地对他进行了训练。我给他创造自由、宽松的语言交流环境，鼓励他与同伴交流，帮助他缓解心理焦虑。幼儿园的一日生活皆课程，在幼儿园里可以创设很多轻松愉快的语言环境，比如小组讨论、个别化区域游戏、分享交流等，这些都能很好地激发幼儿多听、多讲。

我在分享交流或集体活动的时候，会安排洋洋坐在我的身边，我可以随时与洋洋进行眼神的交流、语言的互动，让他感受到我对他善意的关注与喜爱，让他对我产生信任。

洋洋喜欢玩数学游戏，我以此为突破口，尝试在数学活动中以鼓励、赞赏、指导等方式使他感到"成功的喜悦"，从而增强自信心，培养语言表述能力。在午睡前的讲故事环节，我会给洋洋提供一个很好的开口说话的机会，让洋洋给小朋友们讲故事。

刚开始的时候洋洋比较排斥，为此我提前和他妈妈沟通好，让洋洋事先在家熟悉一下自己喜欢的绘本，在家先练习讲故事，练习好之后再把自己的绘本带到幼儿园和小朋友分享。通过这种形式，逐步提高洋洋的语言表达能力，丰富语言表达技能技巧。

另外，在每天入园的环节中，我会给洋洋一些身体接触，比如抱抱他、摸摸他的头、牵牵他的小手，在轻松的环境中和他聊聊天，采用一问一答的形式，促使洋洋积极应答、心情愉悦。

经过一段时间的观察，我发现洋洋很喜欢阅读，阅读能够唤起他的好奇心，帮助他增长知识。

除了午睡前的讲故事环节，在平时的一日生活中，我会注重对洋洋阅读能力的培养，经常和洋洋一起阅读，在阅读的时候会提出一些问题，引发洋洋的思考。思考后再交流，无形中锻炼了洋洋的语言表达能力。随着洋洋语言表达能力的提高,我还会引导他复述故事的内容,加强他的语言训练。

洋洋讲话的语速有所提高,但是发音方面仍然存在不准确的问题。我思考着如何纠正洋洋的发音,也查了很多资料帮助我梳理解决问题的思路。

在平常的一日生活中,我尝试利用辅助工具让他发音。构音训练要按照语言发育的规律开展,并与视觉、听觉、触觉等功能密切配合。

我先从容易构音的音开始,如唇音b、p、m等,然后再进行较难的发音训练,如软腭音k、g等,齿音及舌齿音t、d、n等。也可按顺序先训练发元音,如a、u等,然后训练发辅音,如b、p、m等,再将已掌握的辅音与元音相结合,如ba、pa、ma、fa等。

洋洋常把g说成d,我会利用筷子把他的舌尖往下压,然后让他发音。利用了工具,他的发音是正确的,但是不用工具,他的发音又和之前一样。我就让他通过反复练习这个发音,感受舌尖的位置。通过一段时间的训练,洋洋再发这个音的时候,会有意地纠正过来。

语言训练不是一朝一夕的,需要持续地训练。为了巩固洋洋的进步,我也联合家长,相互交流心得。平常,我和家长交流最多的是如何纠正洋洋的发音以及增加洋洋每次说话的字数。我和洋洋的家长会把平时看到的好的方法分享给对方,增加洋洋反复练习的次数,帮助他提高发音的准确性。

在我和家长的共同帮助下,虽然洋洋的发音还有所欠缺,但是洋洋每天来了学校都会主动和我进行简单的交流,在集体活动中,他也更愿意表达自己了。

只要我们给洋洋多一点阳光,多一点关注,多一点期待的目光,关爱那阳光下迟开的花朵,就会点燃他的自信,使他的人生之路更加灿烂!

江苏省常州市新北区孟河实验幼儿园　华丽

不怕挑食

尚尚比较任性，遇到自己不满意或不愿意的事情，便会大声哭闹，想通过哭声获得别人的同情，从而满足自己。他挑食也比较严重，自己喜欢吃的饭菜吃得比较快，不爱吃的饭菜会往地上扔，或者吃到嘴巴里便吐出来。

尚尚父母由于工作原因，很少在家陪伴他，尚尚几乎每天都和爷爷奶奶生活在一起。爷爷奶奶对尚尚比较溺爱，教育缺乏原则性和正确性。

由于住得比较近，尚尚的姑姑对于尚尚的教育有一定的帮助，但不长久。另外，由于爷爷奶奶的包办代替，尚尚形成了各种不良的行为习惯和生活习惯。

早餐时间到了，今天的早餐是小米粥、馒头干、小油菜，幼儿们都坐在椅子上大口地吃早餐。很快，幼儿们的稀饭喝了一半，我便开始为每个幼儿添加稀饭。但走到尚尚的旁边时发现他的稀饭一口也没喝，我把稀饭往他的身边挪了挪，说："尚尚，喝点稀饭吧。"

只见尚尚皱着眉头，很不情愿地看着我。看他这样，我知道他又挑食了，我拿起他碗里的勺子，舀了一勺小米粥喂他。可是我刚舀起小米粥，他就用双手使劲地捂着嘴巴和鼻子，头使劲地来回摇着，嘴巴里还发出"嗯嗯"的声音。

我说："不能挑食哦，不挑食才不会生病。"

可是尚尚听了一点反应都没有，甚至转过身去不看我。我鼓励他说:"尚尚,让老师看一看,你学会喝稀饭了吗?你想用勺子舀着喝,还是端着碗喝呢?"

尚尚听后把身体转过来,看着我说:"端着碗喝!"

我把他碗里的勺子拿了出来,他自己端着碗开始喝了起来。但是喝了很久,结果一口也没有喝下去,碗里还是满满的。接下来,尚尚端着碗,"不小心"把粥洒到了衣服上。

《指南》指出,3~4岁幼儿要具有良好的生活和卫生习惯,在引导下不偏食、不挑食,喜欢吃瓜果、蔬菜等新鲜食品。而尚尚的挑食现象显然不符合这一要求。针对这种情况,我采取了鼓励和劝说的方法,但是效果并不是很明显。

于是,我打算采取一系列的策略来调整尚尚的挑食现象。

首先通过各种教育教学活动,告诉尚尚各种瓜果蔬菜的营养价值,让尚尚对蔬菜产生兴趣,从而喜欢吃蔬菜,养成不挑食的好习惯。其次采用鼓励与惩罚并用的方式,让尚尚明白吃饭的必要性,纠正尚尚不想吃就不吃的想法。最后,在家园共育方面,让家长在家督促尚尚吃各种饭菜,制定吃饭规则,好好吃饭可以奖励一个标志,集满几个标志可以满足一个小愿望,反之则扣掉一个标志。

经过几天的试验,尚尚有了一点小进步。

午点吃橘子时,幼儿们起床准备好,便坐在板凳上开始吃橘子。尚尚起床比较慢,吃橘子比较晚。为了不影响其他小朋友的正常活动,我安排他和几个吃得比较慢的幼儿坐在最后的一张桌子旁。

尚尚端着小盘子,眼睛看着盘子里的橘子发呆,我提醒他说:"尚尚,把橘子拿起来,先剥皮,就可以吃了哦。"

尚尚听了我的话,把盘子放下,拿起橘子用大拇指使劲一抠,就把皮扣破了,很快就把橘子皮给剥了下来。剥完橘子皮,尚尚拿着橘子开始吃了起来。当他拿着第一瓣橘子放到嘴巴里的时候,眼睛闭着,眉头皱着,小嘴巴一撇一撇,显然是不合胃口。然后他把嘴里的橘子吐到了盘子里,手里的橘子也放在了盘子里,摆出一副"我不吃"的样子。

看到尚尚这样，我笑着对他说："酸酸甜甜的橘子真好吃，一会儿就吃完了，是不是啊？"尚尚什么都没有说，抬起头、张开嘴巴大声地哭了起来，边哭边喊妈妈。

我抱住他安抚。等他情绪稳定了，小声跟他交谈："尚尚为什么不吃橘子呀？"他小声说："不喜欢。"

我拉着他的手说："橘子酸酸甜甜的，它非常有营养，还有很多维生素C呢。"尚尚点点头。

过了一小会儿，尚尚彻底平静下来。我小心地跟他商量："你看这样好不好？今天的橘子，你吃一半，老师吃一半，这样好吗？"尚尚点点头，拿着自己的橘子吃起来。

虽然过程很艰难，但最后尚尚把一半橘子都吃掉了。

挑食现象有一部分原因是因为幼儿在日常生活中对于某些水果或蔬菜的味道不适应。针对存在不同问题的幼儿，教师要采取不同的方式，发现幼儿的最近发展区，制定适合幼儿的有效措施，循序渐进地改变幼儿的不良习惯，不能急于求成。

针对幼儿的某一点小进步，教师要及时鼓励，让幼儿找到自身的优势，往好的方向发展。另外教师要缩小幼儿的缺点，引导幼儿取长补短。教师或家长要善于走进幼儿的内心，明白幼儿的真实需求，有针对性地进行教育，因为有时候教育也需要"退一步"和等待。

经过一段时间的观察，尚尚的挑食现象正在逐步好转。他开始尝试接受部分蔬菜或水果，但对于蘑菇、紫菜、菠菜等汤类不能很好的接受。为此，我采取了退一步的方法，先让尚尚尝试汤的味道，再让他尝试将汤里的菜吃掉，就这样逐步推进。相信再过一段时间，尚尚的挑食现象会有很大改善，规则意识也会越来越好。

山东省滨州市滨城区教育实验幼儿园　马树云

幼儿园一线教师教育笔记精选50例

轻易化解同伴冲突

幼儿园有很多年纪相同的小朋友,他们生活在集体中,一起学习、一起成长、一起交往,这是幼儿成长过程中重要的部分。

幼儿园为幼儿提供良好的环境,幼儿在互相交流和玩耍中与他人发生摩擦,这对于幼儿来说既是一种磨炼也是一种考验。我国著名教育家陶行知先生曾说过:幼儿好比幼苗,必须培养得宜,方能发芽滋长。幼儿之间发生冲突也是一种幼儿提升自我的途径,教师需要有效结合实际情况来解决幼儿的冲突,培养幼儿的综合能力。

豪豪就是一个经常与同伴发生冲突的小朋友,不是打人、推人,就是给别人起外号,也常故意搞破坏,这些行为通常会导致同伴之间发生冲突。很多时候豪豪与同伴争抢玩具,是利用自己的肢体行为来满足自身的需求,把玩具占为己有,供自己玩乐,无法体会同伴的感受。

每当豪豪搞破坏,我都很头疼,进而深思熟虑地分析同伴之间发生冲突的原因。从幼儿的角度来看,幼儿在成长过程中,有着自身的独特行为意识和思想意识,这是幼儿成长过程中的一个特征。而且幼儿园的幼儿都在3~6岁之间,他们的世界是以自我为中心的,没有所谓的为他人着想、换位思考等意识,幼儿暂时还不懂得如何换位思考。这一阶段性特征会让幼儿在幼儿园的学习和生活中以自我为中心,增加与同伴发生矛盾的概率。

从幼儿园以及教师的角度来看,幼儿园教育活动的开展需要建立在幼儿的实际需求上，一般来说幼儿之间发生争吵大多数都是因为玩具以及游戏道具的抢夺，还有游戏场地不足等，所以幼儿在玩耍过程中受到阻碍，进而同伴之间就会产生摩擦和冲突行为。还包括教师的处理方案，教师在着急的情况下没有太多的时间去厘清事情的来龙去脉。教师下意识地关注弱势方，会让幼儿的心理发生不平衡，导致幼儿产生不良的情绪，发生的矛盾自然也就无法解决。

从家长以及家庭教育来看，家庭教育、家庭环境对幼儿的成长有直接的影响。家庭是幼儿的第一所学校，家长是幼儿的第一任教师，幼儿会模仿和学习家长的行为举止，并将其应用到自己的生活中。如果家长之间发生争吵，甚至动手等不良行为，让幼儿看到，幼儿也会出现暴力行为。有些家长过于溺爱幼儿，以幼儿为中心，这会对幼儿的终身发展造成很不利的影响。

对造成幼儿与同伴之间产生冲突行为的原因进行分析后，我明朗了很多。当幼儿在大集体环境的生活中，与同伴之间产生冲突行为时，教师要立足陶行知教育思想，结合生活即教育、社会即学校、教学做合一的思想来有效减少幼儿之间冲突行为的发生，解放幼儿的天性，使幼儿得到全面发展。

幼儿园是幼儿学习和生活的重要场所，幼儿园阶段是幼儿与同龄人相处的关键时期。幼儿园要为幼儿营造良好的教育环境，提高幼儿园的硬件设备构建，借此减少幼儿与同伴之间冲突行为的发生。例如，简单的游戏器材需要根据幼儿的实际需求和人数来合理把握，在游戏器材数量上让幼儿得到满足。各种活动道具等也要在幼儿的实际需求基础上进行采购。

软件环境上，从幼儿园的整体环境构建和教师的构建入手，最重要的则是教师的教学能力。提高教师的专业素养，就包含对幼儿的心理认知和教育。教师要全面把握幼儿身心发展特点，能够在幼儿突发冲突的情况下临危不乱，正确处理。

这样的规划与构建，大大减少了幼儿之间产生冲突的机会，豪豪也能够专注地进行游戏、探索了，偶尔与同伴发生冲突，我也能够很好地引导他们解决问题，豪豪在这样的环境下，交往能力提高了。

教师在处理幼儿之间的冲突时，一定要尊重幼儿，不能强迫他们做出改变。有些教师在处理幼儿矛盾的同时，很容易忽略幼儿的主动意识。但其实，尽管幼儿的自我意识较强，无法做到换位思考，但是幼儿在很多时候是能够主动解决与同伴的矛盾的。

教师要做到认真指导幼儿，起到推波助澜的效果，使幼儿能够感受到解决矛盾的过程以及解决矛盾前后的心态变化。教师也可以组织一些表演活动来进行教育，让观众根据表演来分析整个事件的前因后果，互相讨论解决问题的办法，以此来提点幼儿，使幼儿正确面对冲突。幼儿在教师的提点和引导下，能够正确看待与他人的争吵和冲突，逐渐掌握一些解决冲突的技巧，获得自主成长的机会。

除此之外，还要加强家园沟通合作，纠正家长的教育理念。家庭教育的开展能够影响幼儿园教育的质量，家长平时不注重的小细节或许已经被幼儿模仿，成为了幼儿不良行为的诱因。因此，家长要懂得以身作则，避免为幼儿提供不良的示范。

家长要给幼儿营造和谐的生活环境，避免当着幼儿的面发生争吵；家长需要树立正确的教育观念，切不可过于溺爱幼儿，溺爱看似是对幼儿的关怀，实则会成为幼儿成长的牢笼。

家长也要像教师一样，适当放手，让幼儿回归到自己的世界中，而不是在包办替代中剥夺幼儿的选择权。家长要相信和信任教师，教师要获得家长的肯定与支持。避免当幼儿在幼儿园发生争执时，教师因教育理念不一致而产生分歧，这会让幼儿无法辨别是非、对错。

于是我与豪豪的家长进行了深入的交谈，并更新了他们的教育理念，豪豪的爸爸妈妈表示会积极配合教师工作，教育目标形成一致性。

我还专门开展了家长讲座，对全班幼儿的家长进行培训，让豪豪爸爸妈妈分享豪豪的进步，让其他家长学习、参考。

在幼儿同伴冲突行为的教育中，我深刻理解了遇到问题不能仅靠幼儿园教育解决，还需要从家庭教育出发，在家庭和幼儿园合作下为幼儿营造良好的生活环境、学习空间。这能够为幼儿的人际交往能力以及终身发展奠定良好的基础，让幼儿得到全面进步。

通过一段时间的管理、训练，豪豪在面对同伴间的冲突时，学会了协商，破坏行为也很少了，好朋友也多了。

江苏省靖江市第一实验幼儿园中虹分园　刘程

随笔反思

"不可以"的事情

9月,小班的幼儿们第一次离开自己的家人,来到了对于他们来说还很陌生的大家庭——幼儿园。他们既担心又兴奋,担心爸爸妈妈们离开,兴奋教室里有这么多好玩的玩具。

幼儿们喜欢从柜中选取各类玩具进行游戏,但是不会收归整理,往往把玩具扔得满地都是。好动是幼儿的天性,尤其是小班幼儿,更加不可控。甚至还有一些调皮的幼儿,时不时爱爬栏杆、柜子、桌子等,并且喜欢在椅子上蹦跳,存在诸多安全隐患。

基于幼儿入园的种种表现,我深入思考该如何应对。我先把看到的问题列出清单:

我看见团团在爬书柜。

我看见琪琪站在椅子上。

我看见萌萌在爬栏杆。

我看见柯柯在乱跑。

我看见玩具被小朋友扔得到处都是。

我看见小朋友在撕书上的眼睛。

我看见有小朋友跑到走廊去玩了。

我看见小朋友在厕所里玩水。

我看见涵涵在捡地上的东西,还放在嘴巴里吃。

我看见小宇在抠鼻子。

我看见小朋友们在抢玩具。

……

这么多问题,该从何处着手培养幼儿的规则意识呢?绘本故事《大卫,不可以》给了我启发。拿到绘本,映入眼帘的便是"大卫站在书本上,伸手去拿鱼缸"的一幕。

幼儿们仔细观察画面,通过我的讲解,尝试将绘本中的内容链接到自己的生活中。

瑞瑞说:"如果我是大卫,我会请妈妈帮忙拿鱼缸。"

莹莹说:"如果我是大卫,我就看书,不去拿鱼缸。"

我继续讲故事,然后引导幼儿发现生活中的诸多"规矩",并请幼儿们通过语言表述出来。

在教室里,不可以跑步,会摔跤;不可以爬桌子,会摔倒。

看书不可以大声吵闹。

上厕所不可以玩水。

户外活动时,要一个跟着一个走。

滑滑梯时,不可以推小朋友,要排队。

玩沙子的时候,不可以把沙子撒在小朋友的身上、眼睛里。

日常保健中,不可以抠鼻子,会出血;不可以吃手;不可以往耳朵里塞东西;不可以用东西去戳小朋友的眼睛。

……

通过这样的讲述,规则潜移默化地为幼儿所接受和认同,同时幼儿也了解了遵守规则的重要性。

在建构游戏时,幼儿需要脱掉鞋子,在地垫上创意拼搭。宇宇拼搭泡沫积木城堡时太激动了,跑出了地垫,在地垫外围拍手蹦跳。琪琪见状,立刻伸出小手指着宇宇的小脚说:"你没有穿鞋子,不可以站在地上。"可以看出,幼儿在无形中自发地遵守和执行着规则,具有了初步的规则意识。

为了进一步帮助幼儿养成良好的行为习惯,我带领幼儿设计"不可以"标记。

晨间活动时，我试着引导幼儿：五指分开，放在画纸上，拿起蜡笔围绕着小手的外形描绘出小手的轮廓，并画两条小短线交叉，以这一简单的图像表征符号表示"不可以"。

幼儿兴趣浓烈，个个跃跃欲试。

团团："五指张开，绘画轮廓，画交叉小短线，代表不可以爬桌子。"

宇宇："小手握拳头状，交叉小短线，代表不可以在墙上乱涂乱画。"

柔柔："四指合并与大拇指分开，交叉小短线，代表不可以摔电视机。"

萌萌："线条小人手里拿着香蕉，地上画着香蕉皮，然后交叉小短线，代表香蕉皮不可以扔在地上，要不然小朋友会摔跤。"

最后，幼儿们在画纸上画了一个大嘴巴，并在上下牙齿间画上交叉小短线，代表教室里不可以大声说话。

幼儿对事物的感受和理解不同于成人，他们会尝试用简单的线条进行图像表征，用独特的笔触表达自己对"不可以"的认识与理解，用自己的方式去表现和创造"规则"，这样的形式可以让幼儿在生活中学会灵活运用"规则"。

接着，我们一起去探寻户外活动中的"不可以"。在攀爬架前，幼儿发现两个攀爬架之间有空隙，在攀爬的时候需要远离空隙，以免掉下来。

昊昊："玩攀爬架，要小心空隙。"

依依："两位小朋友一前一后爬，不可以靠得很近。"

玲玲："不可以推人。"

璐璐："不可以争抢。"

……

一个攀爬架，让幼儿们说出很多个"不可以"，很棒！周围还有更多"不可以"等着他们去发现……

《指南》指出:"幼儿的学习方式以直接经验为基础,要珍视游戏和生活的独特价值,创设丰富的教育环境,最大限度地支持和满足幼儿通过直接感知、实际操作和亲身体验获取经验。"在真实的实践操作中,幼儿能够更好地感知、理解"规则"的重要性,进一步学会保护自己。

幼儿们玩得开心,学得有兴趣,我趁机引导他们去发现生活中的"不可以",让他们把规则意识渗透在一日生活中。

不可以乱扔垃圾。

不可以乱吃陌生人的食物。

不可以跟陌生人走。

插座有危险,不可以触碰。

喝水的柜子不能碰,会夹到手。

……

幼儿们发现了越来越多的"不可以"。

在探究"不可以"的过程中,我是引导者、支持者、合作者,始终关注着幼儿的兴趣点。我从幼儿现状出发,追随幼儿在一日生活中的问题与发现,随时灵活调整活动,让每一个活动都能满足幼儿的发展需要。积极创设幼儿表达的机会及空间,支持与欣赏幼儿创造性的表现,让幼儿在宽松、有趣、自然的情境下学习、收获,幼儿们既培养了规则意识,又提高了自我保护能力。

后续我还开展了"亲子共读"活动,通过家园共育,形成家园合力,对幼儿良好行为习惯的形成起到了促进作用。

江苏省无锡市新吴区和风幼儿园　李丽

躲猫猫的动物朋友们

在等待爸爸妈妈的时间里,我让涵涵自己选择喜欢的玩具玩。涵涵到玩具柜里选择了一筐塑料动物玩具。她把筐子放到桌上,开始将里面的动物一个一个拿出,在靠近桌面边缘的地方摆成不太规则的一排,并且让动物们都面朝桌子边缘的一面。

动物一共有27个之多,但涵涵耐心地、小心地将每一个动物都摆放到她想要摆放的位置。接着,涵涵把其中一只鸭子放到了小兔子的身后"躲"了起来。

我问涵涵:"鸭子在做什么?"

涵涵说:"它不好意思,躲到小兔子后面去了。"说完,她又把鸭子放回队伍里。

"这么多小动物站成一排,它们在做什么呢?"我好奇地问。

"它们在搭火车。"涵涵说。

很快,涵涵走到动物队伍的一端,把小动物们一个个"向右转"。

这下,小动物们一个跟在另一个动物的后面站着,像小朋友们一样搭了一列长长的火车。

"谁是火车头?"我问。

涵涵走到队伍的前端,把摆在第一的小狗转过身来。

"小狗是火车头,它是老师。"

……

过了大概五分钟,涵涵看上去"无所事事",东张西望等待家长来接她。但她的爸爸妈妈仍然没来。

我正准备过去与她搭讪，只见她又玩起来。她看了看眼前被摆放成一长串的小动物，拿起其中一只小猫，放到靠近队伍末端的位置，让小猫脸朝外。

"它们在玩捉迷藏的游戏。"涵涵独自说着。

"那谁来找，谁去藏呢？"

"小动物们藏，小猫找。"

涵涵用眼睛扫视了一下桌面，把站成一列火车的小动物们一个一个放进装动物玩具的塑料筐子里。小动物们被涵涵整齐地摆成了三列。筐子很快被摆满了，但还剩了不少动物"没处藏"。涵涵扫视了一下桌子周围，又看了看桌子底下，把剩下的动物一个一个摆到了桌下的地面上。同样的，动物们被涵涵摆成了一列火车的样子，这次的火车头是小老鼠。

"小猫可以去找了吗？"

"可以了。"涵涵说完，把小猫拿了起来，在筐子上方晃了晃，又在桌下的动物火车上晃了晃，好像小猫在说："我找到你们了！"

这个时候，涵涵的爸爸妈妈仍旧没有来。

我问涵涵："下面该换谁来找了？"

"小狗！"涵涵看了看筐子里的动物，把里面的动物一个一个拿出来，放到了桌子下，接着之前的动物队伍，搭了更长的火车。最后，涵涵留下了小狗在筐子里。

"那么，现在小狗可以去找动物朋友了吗？"我问。

"可以。"

涵涵说完，把筐子里的小狗拿出来，对着桌子下的动物火车晃了晃，好像是小狗在说："你们在这里，我找到你们了。"

终于，涵涵妈妈出现在活动室门口。涵涵看到妈妈，赶紧拿起筐子，把桌下的动物朋友一个一个装进去，然后把筐子放回原处。

一个小小的离园插曲让我看到了涵涵的耐心和细心。涵涵摆弄的动物多达 27 只，但无论是排队还是搭火车，无论是藏在筐子里，还是藏在桌子下，涵涵都能一个一个摆放得整整齐齐。她专心致志，不急不躁，平和而又细心，这让我感到温暖又惊奇。

原本以为涵涵端来了一大筐子动物玩具，会像其他幼儿那样只选出自己喜欢的几个动物来玩，没想到她却和所有的动物互动起来，带领动物排队、搭火车、捉迷藏。她把自己的经验迁移到动物们身上，带领动物们进行了一次快乐的集体游戏。如果我是其中一只小动物，我会由衷地对她说："太好玩了！谢谢你，我的朋友！"

毕竟，涵涵只是 3 岁的小班幼儿，她今日的表现令我感动。这种自然的快乐，意味着她能支配自己环境里的所有细节，满足感也由此而来。

如果不是因为妈妈晚接涵涵回家，或许我就没有机会见证今天的精彩时刻。

这让我反思。我们不应该觉得幼儿年龄小而小瞧了他们的创造力。

在今后与幼儿相处的时间里，我要给予机会、创造机会，让幼儿大胆、自由活动，欣赏和记录他们的精彩时刻。

另外，涵涵的秩序感给了我启发。在幼儿处于秩序敏感期的当下，我们应给予保护、理解、尊重、协助，尽可能给幼儿提供一个有秩序的环境。

在一日活动中，班级内三位老师的常规要求应一致，领餐食、外出活动、做课间操时尽量做到排队有序，为幼儿营造秩序良好、安全轻松的环境。

我们应引导包括涵涵在内的幼儿们自己收拾玩具、摆放玩具，这不仅能让他们养成整洁有序的习惯，还能让他们获得更完善的成长空间。

重庆市沙坪坝区新桥医院幼儿园　沈光兰

鹌鹑蛋引发的故事

一天晚餐，小朋友吃的是稀饭、发糕和鹌鹑蛋。我跟往常一样先给小朋友发发糕和添好稀饭，再剥鹌鹑蛋。

在我剥到一半时，园长正好来班上巡视，她看到我在剥鹌鹑蛋就说："你怎么不让小朋友剥呢？婴班宝宝都是自己剥，你们已经是小班了。"

我说："他们不会剥。"

园长说："你没有让他们剥，怎么知道他们不会呢？你要学会放手呀！"

听园长这么一说，我也不知道该怎么解释了，因为我确实没有教过他们，只好硬着头皮继续把鹌鹑蛋剥完发给小朋友吃。

又一天早餐，小朋友吃的是牛奶、鹌鹑蛋和花卷，这次我就没有急着发给小朋友食物，而是先给他们讲怎样剥鹌鹑蛋和剥时应注意的事项。讲完后，我开始给他们发早餐。

可是多数小朋友说："老师，我不会剥，你帮我剥吧。"然后就坐着等待老师剥。只有个别小朋友在学着剥。

园长的话频繁在我耳边回荡。细细回想，在剥鹌鹑蛋这件事上，我感觉自己的做法好像是考虑得太细了，没有放手让小朋友去尝试、体验，总担心他们太小，怕他们剥不干净。又怕他们把鹌鹑蛋壳弄到点心上，不小心吃进肚子里。还害怕他们不会剥，把鹌鹑蛋丢得太多。

我考虑得太多、太细了，总是顾及这又顾及那。园长的话提醒了我，有时候我们总是埋怨家长在家里为幼儿包办代替太多，不舍得放手，结果自己也跟家长一样，剥夺了小朋友们动手的权利。

陈鹤琴先生说过："凡是儿童自己能做的，应当让他自己做。"于是，我暗自下决心，一定要让幼儿自己学着剥鹌鹑蛋，把锻炼的机会还给小朋友们。在日常生活各环节中，也应该从各个方面培养小朋友们的动手能力，让他们自己的事情自己做。我要学会适当放手，让他们去尝试、体验动手给他们带来的乐趣。

虽然我给小朋友们讲了剥鹌鹑蛋的方法，起到了一定的效果，但有的小朋友本身就不喜欢吃鹌鹑蛋，我的讲解没能调动每个小朋友的兴趣和积极性，没达到真正的目的。

我和班上其他两位老师商量，交流怎样培养小朋友的动手能力，能否在班上开展培养小朋友们动手能力和发展小肌肉能力的集中活动，让他们愿意动手去尝试，提高他们的生活自理能力。

接下来，我与班上老师从结合季节、小朋友感兴趣、贴近他们的生活等方面着手，设计了一系列有关剥的活动，如剥橘子、剥花生、剥香蕉、剥开心果……在活动中，让小朋友们看一看、摸一摸、说一说、动一动、尝一尝……通过剥与品尝，小朋友们体验到了无穷的乐趣。

在日常生活中，我也让小朋友们学习了一些简单、基本的生活技能，尽量给他们提供锻炼的机会。小朋友们在吃吃玩玩的过程中、在快乐的体验中学会了新的技能，也很开心。

我们还主动与家长交流沟通，告知他们班上开展的活动，并给他们分享小朋友们在活动中的照片和视频，让他们知道小朋友们都是很棒的。家长在家里也要学会放手，给小朋友们提供动手实践的机会，让小朋友们在生活中获得成功的喜悦，从而获得发展。

《指南》指出："要鼓励幼儿做力所能及的事情，对幼儿的尝试与努力给予肯定，不因做不好或做得慢而包办代替。"这让我想起一个

道理：授之以"鱼"不如授之以"渔"。这个道理揭示的就是人类生存的法则，这条法则也在提醒我们教育工作者，"鱼固然重要，但如果不会捕鱼，再多的鱼也有吃完的时候"。

　　在与幼儿们的朝夕相处中，我要不断学习、不断提高、不断探索、不断反思，使幼儿在得到"鱼"的过程中学会如何"渔"，这对幼儿一生的发展是至关重要的。

重庆市新桥医院幼儿园　何利

一片树叶

最近一段时间,班级里正在开展以树叶为主题的亲近自然活动,幼儿们对树叶表现出了不同程度的兴趣。在散步时,有的幼儿看到地上有树叶就想去捡,但是将树叶带回教室后就没有下文了。

雯雯是一个活泼开朗的小朋友,善于思考,思维活跃,认知视野比较宽阔。

有一次,幼儿们在户外捡树叶,突然听到一个小朋友大喊:"这里有好多树叶!"雯雯随着大家一起走过去,看到大树的围栏里掉落了很多树叶。她先是弯下身子观察,然后伸手去捡了远处的一片树叶。雯雯直起身子,一手拿着树叶,另一只手指着树叶上的某个位置说:"我发现树叶上有很多小洞洞!"

其他幼儿正七嘴八舌说着自己的发现,没有人回应雯雯说的话。雯雯走到我旁边,举着树叶,用洪亮的声音跟我又说了一遍:"我的树叶上有很多小洞洞!"其他幼儿朝雯雯看了一眼,继续他们的讨论。

雯雯问我:"老师,我想把它带回教室,可以吗?"我点头答应了。雯雯能够发现自己捡的树叶上有很多小洞洞,观察得真仔细。这个发现对雯雯来说是一个新奇的发现,我们要保护好幼儿们的好奇心。

在把树叶带回教室的路上,雯雯小心地拿着这片树叶,不让其他人碰,还表示要把树叶放到自己抽屉里收藏起来。

回到教室后,大家开始分享各自在树叶上的发现。当同伴分享的时候,雯雯会认真听他们说。当雯雯向大家分享自己的发现时,更是神采飞扬。幼儿们也因为树叶上的小洞洞"炸开了锅",争相想看那片树叶。

"为什么会有小洞洞?"

"是虫子咬的。"

"为什么其他树叶没有小洞洞?"

"没有虫子咬。"

……

幼儿们在一问一答中讨论、观察、研究着雯雯的树叶,雯雯有些得意。而当我们深入话题,讨论"树叶的声音"时,大家开始听树叶是否能发出声音,很多幼儿都说不能,雯雯却没有说话。

我问雯雯:"雯雯,你的树叶有声音吗?"

雯雯笑着告诉我:"我把树叶撕碎碎,它会有声音,滋滋滋。"她一边说,一边双手捏住树叶慢慢地撕开来,声音不是很清晰。另一侧的树叶被雯雯一下子撕了下来,声音更响一点,确实发出了声音。我因雯雯的与众不同而喜出望外。

雯雯笑出了声,她把树叶放到旁边琪琪的耳边撕给她听。琪琪笑着说:"我听到声音了。"其他小朋友们也尝试着雯雯的方法,去听树叶的声音。

雯雯是一个认真倾听的小朋友,而且也愿意向大家分享自己的发现。当开启新话题时,雯雯乐于探究,通过自己动手尝试以及细心地感受,发现了把树叶撕碎可以听到声音,而且能够用比较清晰的语言表述自己的方法,让我们都能够听懂、理解。为了让大家都相信,她还靠近小伙伴的耳朵撕给同伴听,得到同伴的认可后,大家都开始学习她的方法。雯雯获得了成功感,其他幼儿们也都玩得很开心。

这之后,幼儿们对树叶着了迷。在一次户外自主游戏中,幼儿们创新树叶游戏的玩法,花样翻新。

雯雯来到堆满了青石砖的长椅前,拿起上面正好放着的松果在砖头上来回拨弄了几下。然后捡起掉落在砖头缝隙里的银杏叶,放在两块拼好的砖头中间的位置。接着把松果放到树叶上面。

雯雯玩了一会儿,把松果放在一旁的木板上,然后又把木板放在树叶上面,接着又压了一块碎瓦片,随即拿起另一块砖块连续敲打最上面的碎瓦片,一边敲一边说:"这是一个特殊的活动。"连续敲击了大概三十几下后,雯雯把碎瓦片拿走,直接用石块敲打木板。

一旁的小朋友玩着自己的游戏,笑声很响。雯雯听到声音后转过头去看他们,但是手上敲打的动作并没有停下来。

一旁的浩浩也学着雯雯的样子放了两块砖头,用一块小石头直接在砖头上敲打。雯雯看到后对他说:"还要放树叶。"但是浩浩轻轻敲了几下后,就离开了。

雯雯把木板拿开,把树叶放到另一块砖头上用木板压着继续敲,游戏还在持续着。

我很好奇雯雯的玩法,走过去一问究竟。

雯雯说:"我们之前玩树叶拓印游戏,就是用木板把树叶压住。"原来她是把玩树叶拓印的经验在今天的游戏中重现了。

"那你为什么要敲打呢?"我继续问。

"我在演奏啊。"她回答。原来如此。

从雯雯使用的材料以及操作的流程来看,她对树叶拓印的经验很丰富,能够在游戏活动中使用具有类似特征的替代物进行游戏。在游戏的过程中,雯雯很专注,一直持续敲打,即使被同伴的笑声短暂的吸引了,但很快又投入到自己的活动中。

雯雯一直用左手拿砖块持续敲击,可以看出来雯雯手部大动作的发展不错。

最令人欣喜的是她的创意,当我疑惑她的游戏用意时,她告知我她在演奏,真是出乎我的意料。

幼儿的快乐总是那么简单。

上海市金山区廊下幼儿园　陶文燕

幼儿园一线教师教育笔记精选50例

抢做队伍小排头

每当听到排队集合的指令时，班上总有一些幼儿喜欢迅速地抢做队伍排头，甚至互相挤推插队。

一天，幼儿户外晨间体育游戏活动结束后，听到排队集合的音乐指令时，由于晨晨活动的区域距离老师比较近，所以晨晨率先排在了队伍的排头。

昊昊、洋洋、明明在距离队伍较远的区域活动，因此排在了队伍的后面。但是他们不甘心排在队伍后面，趁着老师不注意，一点儿一点儿地往队伍前面挪动，不断地插队。

当我发现队伍中不断传来小朋友的争执和投诉声时，昊昊已经乘晨晨不备，迅速地挤了上来，变成了队伍的排头。这时，洋洋、明明他们也不甘示弱，你推我搡地也要争抢队伍的排头。

几个小朋友互不相让，起了争执。被挤到后边的晨晨不停地哭泣，嘴里还断断续续地念叨："我先来的，我是排头。"队伍前面顿时乱成了一锅粥。

我在询问情况时，小朋友们纷纷对我说，"我是站在前面的，他插队了。"

"我一次排头都没当过。"

……

由于教育教学活动时间安排的关系，我直接将晨晨拉到队伍排头说："我看到是晨晨第一个来的！"就这样，幼儿们面带失落回到了教室。我当时对这种情况并没有太在意。

随着时间的推移,我观察到抢做队伍排头的事情越来越多,发生争执、投诉的次数也不断增加,甚至有时幼儿会丢下手中正在整理的活动材料、器械,跑过来抢排头。这使我意识到,抢排头应该是大多数幼儿内心的一种愿望和需求。

经过思考和分析,我组织了一次班级主题讨论活动"你为什么喜欢做队伍的排头"。在讨论中,幼儿畅所欲言,大胆说出了自己的想法。大部分幼儿认为当队伍的排头很光荣,跟当小班长差不多。还有几个幼儿说想当小排头是因为和老师挨得更近,会得到老师的喜欢。也有的说看到电视里解放军叔叔当排头,其他人都会向排头看齐,很神气。还有的说当排头可以以"小老师"的身份在前面带队。

听了幼儿们的发言,我陷入了深深的思考。教师不应把幼儿的这种表现当成不当的行为加以干涉,而应采用平等、开放的态度接纳幼儿的想法。那么该怎么办呢?

我想出了一个办法,就是和幼儿一起制定值日生轮流表,每个幼儿轮流做队伍的排头,使每个幼儿都有做排头的机会。我和幼儿一起商定了做排头的责任、规则,如做排头时要走路精神、抬头挺胸;不东张西望、不大声喧哗;要提醒后面的同伴跟上队伍等。

排队前,我会留出一点儿时间,不断变换互动方式,如体育游戏活动结束后,我会挨个儿和幼儿拥抱,轻轻拍拍他们的背部和肩部,以此让幼儿感受到老师爱他们每一个人。有时我也会走到离我较远处的幼儿那里,与他们做击掌、拍手等动作。每次做完这些,我都能看到幼儿脸上露出自信、得意和满足的神情。

随后我说:"现在我们排好队,出发!"话音刚落,幼儿们主动找到自己的位置,精神抖擞地排好了队,再没有抢队伍排头的现象了。

《纲要》指出:"尊重、热爱幼儿,坚持积极鼓励、启发诱导的正面教育,注重情感教育。尊重幼儿的年龄特点和个体差异,满足幼儿在发展过程中的各种需要,使每个幼儿在幼儿园生活中获得快乐和自

信。"

由此,我对培养幼儿积极的心理需要有了更深刻的理解,认识到幼儿的表现欲和求得关注欲是对自我价值的肯定和提升,是一种积极的心理品质。当教师对幼儿的行为作出肯定时,幼儿便会得到鼓励。

但是幼儿由于年龄小,缺乏处理问题的经验,因此会通过"争抢"的方式来获得表现的机会,获取"荣誉"。所以,教师要施以正确的引导,不应该一味地忽视、限制、制止。要有的放矢地抓住教育的契机,寻求最佳的途径来满足幼儿的心理愿望和需求。

在理解、信任的基础上,我觉得幼儿想当排头的愿望和需求是可以满足的。幼儿抢排头,可能是想站在老师身边和老师亲近,引起老师的关注;想当排头,也有可能是希望得到老师、同伴的认可、赞赏。教师主动给每个幼儿一些抚慰性言语和肢体动作,是迅速缩短老师与幼儿的距离、满足他们在成长过程中的心理需要和愿望的好方法。

通过幼儿抢做排头这一教育案例,我对自己平时的教育方式产生了新的认识和再反思。除了争抢排头,在日常的教育环节中,幼儿和同伴发生争抢、纠纷的现象时常发生,这又该如何解决呢?

当幼儿之间发生冲突时,教师可以引导幼儿观察同伴的意图并分析产生矛盾的原因,指导他们以恰当的方式表达自己的需求和情感,让幼儿学着自己解决冲突,并提供机会让幼儿对自己的行为进行评价,如哪些方面做得好、哪些方面还要改进等。

教师应通过积极的、带鼓励性的语言、表情和身体姿势,营造和谐的人际气氛,让每个幼儿都有一种被重视和接纳的感觉,使每个幼儿都感到安全和舒心。

教师要观察、重视每个幼儿的情绪、行为,正确辨别幼儿的心理,用爱和宽容取得幼儿的信任,引领幼儿学会做事、学会学习。

安徽省合肥华英幼儿园星海园 　王京丽

数"1、2、3"

在和幼儿的沟通中,我发现为了让幼儿迅速行动起来,家长经常会用到数"1、2、3"的方式。于是,我特意约了几位家长进行沟通,了解情况。

涵涵妈妈说,有次她和朋友一起就餐,涵涵很兴奋,不时地跑出门外。朋友催了两次,涵涵充耳不闻,自顾自地玩,一边玩还一边大喊大叫。涵涵妈妈不耐烦地对儿子喊道:"我数1、2、3。"涵涵先是一愣,随即惊慌起来,"3"音刚落,涵涵立刻跑了回来。通过涵涵妈妈的描述,能看得出她比较纠结,不这样做管不了孩子,这样做又怕对孩子有不好的影响,毕竟涵涵惊慌的样子让她很在意。

昊昊妈妈说,周末准备带昊昊去郊游,结果昊昊一直在床上磨磨蹭蹭,这可把她的耐心磨尽了,于是拿出杀手锏:"我数1、2、3,你再不快点,我就不带你去了!"昊昊慌乱起来,赶紧穿好衣服出了门。但到了门口发现,不是这个忘带了就是那个忘拿了……

针对家长们的反馈,我进行了一些思考。幼儿年龄小,通常自控力比较差、对时间概念比较模糊,这时家长采用数"1、2、3"的方法可以帮助幼儿预留出一个过渡时间。有了这样的缓冲,能够让幼儿做好心理准备,快速将注意力从一件事向另一件事转移。同时也可以让幼儿拥有紧迫感,快速行动起来。

但数"1、2、3"真的能对幼儿起到好的教育作用吗?很多时候,当家长对幼儿喊出"1、2、3"时,跟在后面的就是一句威胁的话语。

幼儿大脑的第一反应是"爸爸妈妈生气了，我必须按他们的要求赶紧做"。

充满压力的亲子关系对幼儿造成的心理威胁，不亚于体罚。只要遇到类似情况，条件反射似的不安和恐惧感就会反射到幼儿的头脑中。

为何有时候数了"1、2、3"也没有效果？

这让我想起一个案例，案例中的妈妈在让孩子完成一项任务的时候，常常会用到数"1、2、3"的方法。有一次这位妈妈又对女儿使用这个方法，她大声喊着"1、2——"，话音未落，小女孩接茬喊道："3!"说完小女孩对着镜头撇嘴说："一天到晚只会数1、2、3，我要生气啦、我要发火了！"

从这个案例中可以看出，数"1、2、3"并不是总能够起作用，有时甚至会适得其反。

有不少家长在数"1、2、3"时，往往并不是因为幼儿犯了多大的错误或者出现了多大的问题，只是成人在这个过程中对自己的负性情绪控制不住，用自己认为好的教育标准将情绪强加给幼儿。殊不知，这样做也许短期内会有效，长此以往便会"失灵"，幼儿会产生麻木迎合或逆反的表现。

自律是以强大的意志力和坚持力做基础的，而当家长一直用数"1、2、3"和幼儿沟通时，自律就不会在这种他律的情况下形成习惯，数着数着，就把"自律"给数没了。

有的家长疑惑：为什么我数"1、2、3"给孩子机会了，但孩子还是做不好呢？在数"1、2、3"前，我们需要分清幼儿产生的是自身能力类问题还是速度类问题，抑或是自我控制类问题。

有时家长为了让幼儿加快速度完成某件事，往往越催幼儿越慌乱，对于这些速度类的问题，应该分析幼儿是因为能力暂时达不到还是因为时间概念比较模糊所以不能按时完成。

家长可以拉长数数的时长，如"1、2、2.1、2.2……"，然后慢慢地加快速度"2.8、2.9、3"。通过这样的缓冲，给幼儿充足的时间做好心理准备，同时也可以让幼儿拥有时序紧迫感，加快行动速度。

游戏是幼儿独有的学习方式。对于能力类问题，家长需要帮助幼儿梳理根源，学习解决办法。有的幼儿之所以磨蹭，是由于自己不会扣扣子、系鞋带……这就需要家长教给幼儿必要的生活技能。短数"1、2、3"会让幼儿产生压迫感，进而更加不知所措、反应迟钝。家长在数"1、2、3"时，可以游戏化，如"1个扣子进洞了，2个扣子进洞了，3个扣子进洞了，真棒！穿好喽"！在游戏中，"1、2、3"被重新定义，可以让幼儿改变对"1、2、3"负面影响的理解。

家长在与幼儿沟通时，在突出语言的同时应将主体的观念付诸实践。

对于遇到自我控制类问题的幼儿，可以跟他们沟通是什么原因导致了他们的行为，认真地和幼儿聊聊天，倾听他们内心真实的声音。在尊重的基础上，把幼儿当成主体，而不是控制幼儿。先说出表示理解的话，然后再提出建议和意见，把主动权交给幼儿，培养幼儿的同理心。也可以让幼儿自己来数"1、2、3"，或者玩"1、2、3，看谁先坐下"的游戏。幼儿数数，家长和幼儿一起比赛。幼儿完成后，给他一个鼓励的拥抱或是亲吻。这样，数"1、2、3"不再是命令，而是游戏，通过游戏约束、纠正幼儿的行为，比控制、说教的效果要好得多。

教育幼儿，就像牵着一只蜗牛在散步，我们不妨放慢脚步，静下心来倾听幼儿的声音，静待花开。

江苏省溧阳市戴埠中心幼儿园　谢豫

山楂记

幼儿园的山楂树上结满了山楂。

一次户外活动时，天天说："你们吃过冰糖葫芦吗？我吃过，可甜了。"这个话题引来了其他小朋友。

昊昊："我吃过。"

依依："我也吃过。"

沐沐："我还见过做冰糖葫芦呢，就是用糖一沾就可以吃了。"

昊昊："我们也来做冰糖葫芦吧。"

这一建议得到了大家的积极响应。回班后，小朋友们讨论制作冰糖葫芦的准备工作，首先是要摘山楂。可是山楂都长在树上，怎么才能摘到山楂呢？

月月说："可以爬树摘。"

优优说："爬树太危险了。"

暖暖说："我们可以借保安叔叔的梯子。"

大家都同意暖暖的主意。当借来梯子准备摘山楂时，大家都说让齐齐摘，因为齐齐的个子最高。齐齐在大家的鼓励下，开始爬上梯子摘山楂。

优优说："一个人摘太慢了，什么时候才能吃上呀。"

为此小朋友们展开了讨论，大家提出用轮胎摞起来摘，或者用沙包把山楂打下来，或者用绳子把树枝拉下来摘等方法。讨论结束后，幼儿们分好组开始行动。其他班级的小朋友看到我们在想办法摘山楂，他们也来帮忙，不一会儿就摘了一盆。

摘山楂的任务完成，接下来就开始准备制作冰糖葫芦啦。大家开始着手清洗摘下来的山楂。

沐沐说："冰糖葫芦都是没有籽的，这样吃着才好吃。"

于是，大家开始讨论怎么剥山楂籽，有说用牙签剥的，有说用剪子取出的。小朋友们就分为两组剥山楂籽。过了好一会儿，山楂籽只剥出来了几个，同时山楂也被扎得伤痕累累。

用剪子和牙签把山楂籽取出来太难了，他们想请求食堂的叔叔阿姨的帮助，还讨论决定给食堂的叔叔阿姨们写一封信。可是新的问题又出现了，不会写字的小朋友们怎么才能表达出自己的请求呢？小朋友们决定用绘画的形式把自己的要求画出来，邀请食堂工作人员来班级，这样面对面提出请求帮助的内容就更方便了。

食堂的工作人员看到了小朋友们的这封信，便如约来到了班级，并带来了让幼儿们兴奋的去核工具。食堂的工作人员教会了小朋友们如何正确使用去核工具，这样山楂去籽就方便、快捷多了，一盆山楂很快就去完籽了。

准备工作全部就绪，接下来就是制作啦。

小朋友们回家后把这个好消息纷纷告诉给家长，并和家长在网上查找了制作冰糖葫芦的方法。家长们都很支持，还提供了冰糖和锅。

第一次制作的冰糖葫芦并没有成为大家期待的那样。冰糖葫芦竟然变成了"挂满了霜的山楂"。味道虽然也不错，但是很不美观。

我们开始总结经验，一步一步按照制作步骤进行对照，并请月月妈妈来帮忙。月月妈妈发现是小朋友们水放太少了，冰糖没有完全融化。

大家调整后，进行第二次尝试。在月月妈妈的帮助下，第二次制作的冰糖葫芦不再是"挂满了霜的山楂"，很成功。小朋友品尝着自己做的冰糖葫芦，开心极了。

其他班级的小朋友看到我们在制作冰糖葫芦，都想品尝一下。

暖暖说:"要不我们多做一些跟他们分享吧,他们之前还帮助我们摘山楂呢。"

在暖暖的提议下,大家分为4组,纷纷开始制作冰糖葫芦。大家把制作好的冰糖葫芦分享给了其他班级的小朋友、帮助过他们的食堂工作人员、每天保护他们的保安叔叔以及可爱的老师们。

最后,每个小朋友还制作了一个冰糖葫芦送给自己的家人。家长尝到了幼儿亲手制作的冰糖葫芦,开心极了,甜在嘴里,暖在心里。

活动持续了一周,小朋友们发现有些山楂已经变黑了,大家一致决定制作山楂干和山楂果汁。小朋友们分工合作,用山楂做出了很多美味的食物。

食堂的工作人员利用小朋友送的山楂干,还给幼儿园的所有小朋友们煮了水果汤,别提多美味了。

又一次户外活动时,小朋友们看到光秃秃的山楂树,七嘴八舌开始议论起来。

晶晶说:"山楂做成冰糖葫芦可真好吃,希望明年还可以做冰糖葫芦。"

涵涵说:"要不我们明年多种一些山楂树吧,这样就可以制作更多的山楂美食了。"

涵涵的提议,其他小朋友都同意,并且说干就干。寒冷的冬天马上就要来了,幼儿们给山楂树围上了漂亮的围巾,在山楂树上挂上了心愿卡,相约明年一起摘山楂。

生活即教育,一棵树、一朵花都可能成为每次探索的主角,幼儿的每一次探索都有实践作为支撑,都能有所收获。教师要做的就是发现幼儿的兴趣点,支持、鼓励幼儿去探索、去发现。教师也要扮演好支持者的角色,引导幼儿发现问题、主动解决问题,树立幼儿的主人公意识,帮助他们去创造、收获、发展、成长。

中国人民大学幼儿园　于阳

"洞"察一切

今天户外活动时，涵涵忽然发现小树林旁边多了一个圆圆的洞。

"看，这里有一个洞。"被他这么一喊，好多小朋友都围了过去想看个究竟。

"这是什么洞？"

"这是谁住的洞？是不是小虫子的家啊？"

"是蜗牛吧？这有一只小蜗牛。"

"这个小蜗牛死了吧？"

"才不对呢，小蜗牛的洞不能这么小。"

"蜗牛不住洞里，它有壳。"

"我觉得是蚂蚁的家。"

……

大家讨论和观察了很久，可是洞里也没有什么动静。

这时，涵涵过来，她手里拿着一根小树枝。她将小树枝伸进洞内，轻轻搅动了一下，对其他小朋友说："这个洞小，树枝进不去。"

"看，有一只小蚂蚁。"昊昊提醒。

"要是它进去这个洞里，那就是它的家。"玲玲说。

幼儿们静静地看着，小蚂蚁来来回回好长时间，在洞口转了一会儿又走开了。

正当我以为这个关于洞的话题结束了时，凯凯说："这里也有好多洞。"

幼儿们"呼啦"一下又围了过去。

"看，小蚂蚁进去了。"

"它去找东西吃了，找到了，就回来了。"

幼儿们各自猜测着。

"快来看，这里还有洞。"就这样，一个洞引发了幼儿一系列关于洞洞的活动。

昊昊说："幼儿园里还有好多洞洞呢。"

"我知道哪里还有洞。"

幼儿们欢呼雀跃，开始找洞。这一找还真发现了很多"洞洞"。幼儿园的轮胎有大洞洞，攀登架上有洞，大型玩具上有洞，体育器械上有洞，井盖上有洞。

活动室里的玩具上有洞，空调上有洞，柜子上有洞，玩具筐上也有洞。如厕盥洗时，幼儿们发现水龙头有洞，洗手池有洞。小朋友们突然发现生活中到处都有洞洞……

第二天晨谈时，幼儿们分享了在家中的发现：马桶上有洞，洗衣机里有洞，插座上有洞，衣服上有洞，鞋子上有洞，锅盖上有洞，捞饺子的大勺上有洞……

"这些洞有什么不一样？"我引导大家思考。

"颜色不一样。"

"大小不一样。"

"它们的位置不一样。"

"这些洞有什么用途吗？"我继续发问。

"鞋子的洞洞是为了让鞋带穿进去，鞋子就不会从脚上掉下来了。"

"衣服上的洞洞能扣扣子。"

"下水道的洞洞是流水的，水池的洞洞也是流水的。"

"漏勺的洞洞是为了让饺子流（沥）水的。"

……

在我的引导下，幼儿们说着自己了解到的洞洞的用处，进一步梳理出关键经验。洞洞除了大小、颜色不一样以外，用处也不一样。

随着活动的深入，幼儿们开始关注自己身上的洞洞。

"老师，我的鼻子上有洞洞，有两个。"

"老师，耳朵上也有洞。"

"嘴巴也是洞，能吃东西。"

"我的肚脐也是洞洞，肚脐一戳会痛，妈妈说肚脐很重要，不让乱摸。"

我进一步引导他们："那你们说说身体上的这些洞洞有什么用处呢？"

"眼睛能看东西。"

"耳朵是听声音的。"

"鼻子上的洞洞是闻味道的，鼻子还能喘气。"

"嘴巴用来吃东西。"

……

"我们身体上的每个洞洞作用都很大，那你们知道要如何保护它们吗？"我继续引导。

"不能往里面乱塞东西。"

"不能用手去抠鼻子。"

"感冒时不能使劲擤鼻子。"

"不能自己掏耳朵。"

"我们不能往身体上的洞洞里塞东西，否则会有危险，那在我们的身边还有哪些洞洞有危险，不能随便去碰触呢？"

"插座上的洞洞不能动。"

"空调上的洞洞会夹手。"

……

幼儿是天生的探究者，从一出生就在不断地探究周围世界，建构形成个体的知识体系。一个意外，一次遇见，一个小小的洞洞给幼儿们带来了一场神奇的探索之旅。

《纲要》指出:"善于发现幼儿感兴趣的事物、游戏和偶发事件中所隐含的教育价值,把握时机,积极引导。"本次活动是在幼儿们偶发事件的引发下生成的活动,使幼儿们在活动的过程中探索的欲望得到满足,动手动脑的能力得到发展,情绪更加愉悦,并不断积累经验形成受益终身的学习方法和能力。

游戏活动中,小朋友们在偶然发现蚂蚁洞后,对洞洞产生了无限的好奇,于是我抓住这一兴趣点,组织全体幼儿开启了洞洞系列活动,鼓励幼儿们自己寻找、发现身边的洞洞。我引导幼儿在找洞洞的过程中,感受生活中"洞"的多样性、趣味性和有用性,初步获取更多有关"洞"的经验,增强观察能力、比较能力、探究能力和扩散思维能力。

因为幼儿年龄小,好奇心强,缺乏必要的安全知识,为此我通过这一系列的活动,让幼儿们了解到洞洞也可能伤害我们,要学会保护自己,不碰电源插座,不踩井盖等。

山东省烟台经济技术开发区海河幼儿园　马婧姝

以幼儿为视角

从一日活动时间占比上看，幼儿园的生活活动占有最大的比重。怎样结合生活活动回应幼儿的真实体验和发展需要，引发幼儿更多的学习和发展可能？

我聚焦幼儿的日常早点环节，开展了趣味生活之旅，由"我和橘子玩游戏"系列活动引发了我们对生活活动价值的思考。

生活活动是小班幼儿培养自理能力和行为引导的最佳环节。幼儿们在真实的生活情境中自主、自觉地发展各种生活自理能力，形成健康的生活习惯和交往行为，遵守共同生活必要的规则。

每天早点吃水果时，总有个别幼儿不愿来取，即使取了以后也吃不完；个别幼儿在吃的过程中喜欢边吃边玩……

针对吃水果的过程中出现的问题，怎样让幼儿主动吃水果，形成健康的生活习惯？除了关注孩子们的生活习惯，其中还蕴含着哪些发展机会和教育可能？带着这样的思考，我先后设计了"橘子讨论会""剥橘子比赛""橘子拼盘""橘子分享会""橘皮大变身""它能发芽吗"等系列活动。幼儿们在操作中感受橘子的变化，享受创造的乐趣，体验分享的愉悦，不仅形成了良好的餐饮习惯，而且逐渐开始关注生活、热爱自然。

幼儿的发展需要，即是活动的出发点。

在结合生活环节开启"我和橘子玩游戏"的活动中，一开始，活动开展的线索并不是很清晰。但是幼儿们在点心活动中特别的表现引发了下一步活动的方向。由于每个幼儿的经验不同，他们边吃边玩的过程其实就是自发探究的过程。这为下一步的教育提供了契机。

作为教师，生活活动中的仔细观察，结合幼儿的最近发展区因势利导，就是合适的教育。而幼儿的现状和需要则是活动的核心和出发点。

活动中，每个幼儿都全身心地参与、投入，积极的情感体验引发幼儿更多积极的互动，与他人、与环境……这种积极互动为幼儿潜移默化的养成良好的交往行为、学习方式奠定了基础。

在"生活教育化"和"教育生活化"互相渗透的过程中，我看到了一个个有能力、自信的学习者。如在剥橘子比赛环节，就出现了幼儿帮助幼儿的惊喜。芷芷把橘子剥完，看到博博的橘子剥不开，就帮博博把橘子打开了一道小口，并耐心地告诉博博从有口的地方剥开，但博博试了试还是没剥开。芷芷就将口开得更大一些，再次递给博博，博博得以顺利剥开橘子。小朋友互相帮助剥开橘子的过程，让我感到惊讶且惊喜。

为了让幼儿初步感受饮食文化中的美，培养幼儿的审美能力，我开展了橘子拼盘活动。活动前，我收集了一些由橘子组成的简单水果拼盘图片，在让幼儿欣赏美的过程中激发幼儿们参与拼盘创作活动的愿望。不出所料，幼儿们欣赏完赏心悦目的水果拼盘图片，迫不及待地开始尝试拼盘创作。

第一次创作水果拼盘，幼儿们的作品虽然比较简单，但是每个幼儿都乐意参与，专心致志地沉浸在自己的创作之中。

拼盘制作好以后，幼儿们七嘴八舌地介绍道：

"快来看，我拼了一只蝴蝶。"

"我拼了一朵小花。"

"我拼了一个笑脸。"

……

介绍作品的过程，是发展幼儿语言表达能力的良好时机。

经过这样的创作，幼儿们在吃水果时，不再那么排斥和艰难，他们不仅吃得津津有味，有的还让我帮他们拍照保存，萌发了珍惜劳动成果的意识。

通过"橘子拼盘"活动，幼儿们对下次的水果点心及拼盘活动充满了期待。在幼儿们的期盼中，我结合日常点心活动开展了第二次以橘子为主的拼盘活动。

从幼儿呈现的作品中不难发现，幼儿创作的作品比第一次更生动、更丰富。

在开始制作时，个别幼儿还具备了制订计划的意识。而在最后的整理环节，幼儿们都能够自发参与其中。

在一次次的拼盘活动中，幼儿的创造力、计划意识、主动学习的意识逐渐得到提高。幼儿们一次次的表现也越发精彩。

静待花开的心态，不仅让我看到了生活教育的美好，更让我看到了幼儿不断深入学习的成长轨迹。放慢脚步，细心观察幼儿，会发现幼儿生活中的一切都有可能成为教育资源。

在一日生活皆课程观念的指引下，我对生活活动的价值有了全新的认识。尤其通过"我和橘子玩游戏"系列活动，我更加明晰了生活活动具有潜在的教育价值，并对幼儿的学习方式有了更深刻的理解。愉悦体验能引发幼儿主动学习的意识，在生活中学习、向同伴学习、向环境学习。

后续，我还开展了剥葡萄皮的活动。幼儿们一边剥着葡萄皮，一边谈论。

昊昊："等会儿我们把葡萄籽种到植物角。"

依依："真是一个好主意，那我们大家一起来收集葡萄籽。"

贝贝："老师，我吃了好几颗葡萄，一颗籽也没找到，是不是太小了。"

玲玲："我的葡萄里也没有葡萄籽。"

我连忙解释："我买了两种葡萄，一种是无籽葡萄。"

没有吃到葡萄籽的露露感到遗憾，恩恩安慰她："没关系，下次吃有籽葡萄时，我们再种。"

超超连忙说："今天的哈密瓜有籽呀，我们可以种这个。"

"还有西瓜籽。"正正补充。

幼儿们的思维被打开了，甚至引发了"哪些籽可以种"的话题。

当我们静下来聆听幼儿的声音，会发现幼儿生活中的一切都蕴含着丰富的学习与发展契机。当教师真正置身幼儿的视角，会发现教育的内容和形式发生了很多变化，幼儿的表现和灵感会触发我们更多的创新。

活动来自于幼儿，并以幼儿感兴趣的方式呈现时，这样的活动就会是幼儿喜欢与期待的样子。而幼儿的深度学习则是教师成长的体现。

重庆市万州区上海飞士幼儿园　张国清

让幼儿敢说

《指南》在语言领域的引言中明确提出：幼儿的语言能力是在交流和运用的过程中发展起来的，应为幼儿创设自由宽松的语言交往环境，鼓励和支持幼儿与成人、同伴交流，让幼儿想说、敢说、喜欢说，并能得到积极回应。

但在实际工作当中，我发现能让幼儿自由交谈的、自由宽松的语言环境非常匮乏。比如在一节时间有限的集体教育活动课上，想让二十多名幼儿都能充分地表达自己的想法和观点是不可能的。下课了，幼儿们喝水的时候也不能边喝水边说话，因为怕他们呛着、洒水，而且说话还会影响幼儿们的饮水量。

由于幼儿园条件有限，六七个班的幼儿需要排队到户外公共卫生间如厕、公共洗手池洗手，所以站队的时候给幼儿们提的要求是快速、安静，不能打闹、交头接耳；如厕时快进快出，不能大声聊天；洗手时积极排队，不能闲聊玩水，否则许多班级拥挤在一起会有安全隐患。

除了这些，还有吃加餐时不能讲话、吃饭之前不能讲话、看动画片时不要讲话、看书时要保持安静……

回顾幼儿的一日生活，自由宽松的语言交往环境几乎只存在于每天下午一个小时的区域活动时间，有时候区域活动时间还会被"小明星"活动占去一半，这样看来幼儿们可以自由交谈的时间少之又少。

那么如何才能达到《指南》中语言领域的目标呢？

我仔细翻看目标下面教育建议的内容：为幼儿创设说话的机会并引导他们体验语言交往的乐趣。每天有足够的时间与幼儿交谈，谈论幼儿感兴趣的话题，询问和听取他们对自己事情的意见等。尊重和接纳幼儿的说话方式，认真倾听并积极回应。鼓励和支持幼儿之间相互讲述见闻、趣事或看过的图书、动画片。

根据上述教育建议，我尝试着在幼儿一日生活的各个环节积极创设自由宽松的语言交往环境，让幼儿想说、敢说、喜欢说。

我充分利用起晨间自由活动的时间。

有的幼儿早上在家吃早饭，来园以后就可以选择自己喜欢的活动材料开展活动。他们有的看书，有的玩汽车，有的玩乐高，只要不影响其他小朋友进餐，就可以自由交谈、自由走动。

吃饭的幼儿吃完饭以后也可以加入游戏，这就相当于一个小型的晨间区域活动，在这期间幼儿是可以自由交谈的。

我也重视起了集体教育活动之后的交谈时间。

因为集体教育活动时间有限，幼儿在活动中不能全部充分地交谈和表达自己的想法。所以活动之后，我会给幼儿留出五到十分钟的自由交谈时间，可以幼幼互动，也可以师幼互动，让幼儿自由表达。

排队如厕时，我尽量让幼儿们避开高峰期。如厕的幼儿没有那么拥挤，就不会被老师过分催促。在这个短暂的"私密空间"，幼儿是自由的，同伴之间想说什么就说什么，想大声说话就大声说话，平时在老师面前的约束都可以在此刻得到释放，就连平时不善言辞的幼儿在这里都变成了爱说爱闹的小朋友。

餐前，如果幼儿们洗完手以后，饭菜还没有准备好，我会让幼儿们自由交谈一段时间。在这期间，没有了游戏材料作为媒介，幼儿们完全靠自己的一张小嘴巴开展聊天活动。为了能参与到大家的游戏中去，幼儿们都会积极、主动表达自己的观点，不知不觉中，幼儿们的语言表达能力得到了提高。

我也允许幼儿在阅读图书和观看动画片时开展讨论。

一般情况下，我们都觉得看书、看动画片时应该安安静静，养成文明阅读、文明观看的好习惯。但是《指南》的艺术领域内容告诉我们，要尊重幼儿的兴趣和独特感受，理解他们欣赏时的行为。当幼儿主动介绍自己喜爱的作品时，要耐心倾听并予以积极回应和鼓励。教师要营造安全的心理氛围，让幼儿敢于并乐于表达、表现。

基于此，我允许幼儿们在看书时自由表达自己的观点和想法，允许幼儿之间相互讨论和争辩，允许他们即兴创作和表达。当然，如果他们的个别行为影响到集体活动时，我会适时提醒。

离园前的师幼个别聊天时间也是一个不错的语言表达机会。离园之前，我会回想一下这一天哪个小朋友没有和老师说过话，哪个小朋友还有未解决的问题，哪个小朋友还有需要提醒和交代的事情，我会和他们单独开一个"小会"。如果其他幼儿也愿意和老师聊天，也可以参与进来。

你说我听，我问你答，不焦虑、不急躁，氛围宽松自由，师幼关系融洽，此种形式深受幼儿们的喜爱。

通过积极创设以上语言表达环境，我班幼儿的语言表达能力有了显著提高。很多幼儿敢在不太熟悉的人面前勇敢地讲话了。

有一次园长来到我们班，幼儿们勇敢地和园长打招呼，并拉着园长的手，拽着她的胳膊，抢着要和园长说话。园长搬来一把小椅子，坐下来，亲切地和幼儿们交谈，临走时她说："你班的幼儿们真爱说，语言表达能力强。"

幼儿们也敢于在众人面前表现自己了。一次新年联欢会上，我带幼儿们到别的班级玩击鼓传花的游戏。面对陌生的班级和陌生的组织老师，幼儿们一点都不怯场。有四个幼儿得到了表演节目的机会。他们像是有备而来，有的表演古诗，有的表演地方民谣，有的唱儿歌，轻松自如，表现能力强，连连得到在场老师的肯定与表扬。

当然，一些能力较弱的幼儿，他们的语言表达能力也出现了质的飞跃。

我班有个小男孩，语言发育迟缓，不会说整句，只会蹦单字，遇到问题时更是因为不会表达而发脾气，也没有自己的好朋友，性格有点怪。

在我们宽松、自由的语言交流氛围中，他慢慢地学会了说词，又学会了说句，现在已经能和小朋友们正常交流了，脾气也比以前好多了。最可喜的是，在"我是小明星"活动中，他还表演了一首歌曲，吐字清晰，表达流畅，得到了热烈的掌声和拥抱，变得更自信了。

正如《指南》指出的那样，学前阶段是儿童口头语言发展的关键期，我们要抓住这个有利时期，促进幼儿语言以及其他方面的迅速发展。我们应为幼儿创设一个良好的语言学习环境，鼓励、吸引幼儿与老师、同伴或其他人交谈，提高语言表达能力，体验语言交流的乐趣。

山东省德州欢乐岛幼儿园　黄英霞

相信幼儿的发现

　　上午的音乐欣赏活动《挪威舞曲》正在进行中，为了让幼儿更深入地感受ＡＢ两段不同的音乐，感知音乐的情境，我创编了两段故事并结合音乐同时开展活动。

　　在Ｂ段音乐中，为了进一步感受到音乐的沉、重、缓，我结合音乐的特点创设了"风来了"的情境。Ｂ段音乐开始了，我扮演的鸡妈妈表现出十分紧张害怕的神情："大风来了，孩子们赶快找个地方藏起来，千万不要乱动！"

　　话音刚落，"机灵鬼"尧尧的小手就高高地举了起来："老师，我想问一下这里面刮的是什么风？是不是龙卷风呀？"

　　我还没想好该怎么回答，"小博士"仪仪立刻站起来说："我觉得不对，这里面刮的不是龙卷风，应该是台风，台风最厉害。"

　　"不对，不对！"大家起了争执。

　　尧尧迫不及待地站了起来："老师，仪仪说的不对，龙卷风是最厉害的！爸爸带我看过电影，那里的龙卷风能把很粗的大树还有房子吸起来，卷到很高很高的天上，非常可怕！"他一边说还一边比划着。

　　很多幼儿觉得尧尧说得挺有道理。

　　"我知道海风最厉害，它能把非常大的轮船掀起来！"小洁突然冒出这样一句。

　　"他们说的都不对，我认为飓风是最厉害的，它的速度可快了，这是我在书上看到的。"小扬急得小脸都红了。

真不能小看了这些幼儿,如果不是这场风波,我还真没料到幼儿们对风居然了解这么多。为了给幼儿们充分思考和表达的机会,我决定把这些"问题"抛给幼儿:"到底哪一种风最厉害,它又为什么最厉害呢?回家可以问一问爸爸妈妈,也可以去看看书、上上网,查找一些有关风的资料,明天我们再接着讨论。"

第二天,幼儿们带来了许多有关风的书籍和图片,还有的幼儿让爸爸妈妈把网上的一些相关资料打印了出来。

讨论活动开始了。龙卷风、台风、海风、飓风、阵风、旋风、焚风、山谷风、季风,我让幼儿们把说到的风以及有关风的资料一一贴在前面的主题墙上。

还是尧尧第一个站了起来:"龙卷风的脾气非常粗暴,风速极快,吼叫的声音像打雷一样。"

"龙卷风产生的压力能使汽车爆炸。"

"龙卷风卷起的一粒小石子,像子弹一样厉害,能穿过玻璃。"

好几次,幼儿们争论得顾不上举手,甚至站起来说。

"龙卷风还像一个吸尘器,把它碰到的水和石头、树木吸卷而起,一直吸到天上。"梦梦做了补充。

仪仪依然坚持台风的破坏力最大:"台风常常伴随着暴风雨,会造成洪水,淹没人、房屋、动物和所有的东西。当台风在海上移动时,会掀起巨浪!"

彬彬有礼的宏宏说:"旋风会打转转,把地面上的一些东西吹到半空中形成一个小漩涡。"

小海指着自己带来的图片介绍:"从海上吹向陆地的叫海风,从陆地吹向海上的叫陆风,两个合起来叫海陆风。"

"海风还能形成云和雾,给人们的生活带来不便。"梦梦紧接着做了补充。

"小不点"洋洋激动地说:"飓风其实就是台风,只是它们产生的地方不同,所以就叫不同的名字,飓风和台风一样坏!"

小洁发表她的意见:"台风、飓风、龙卷风把房子吹倒了,树叶吹断了,对我们造成了很大的伤害。"

"可是我听爸爸说风也能用来发电。"仪仪说。

既然幼儿提到了风对人类的影响,我觉得应该让他们进一步了解有关风的知识:台风能给干旱的土地带来丰沛的雨水。人们可以利用风来发电,节约很多资源。在酷热的夏日,大风来临,可以降温消暑。

追随着幼儿的兴趣,我在回应的基础上,让幼儿们回家再查一查相关资料,了解风的各种作用,进一步丰富幼儿的经验。

星期五的上午,我和幼儿们一起开始了《挪威舞曲》的第二个游戏活动——表现音乐。

这一次,幼儿们更感兴趣了,表现得非常投入。

在进行音乐表演时,仪仪提出了自己的建议:"我们可不可以扮演大风呀?"

"我也想表演大风!"

"我也想!"

许多幼儿自告奋勇地举起了小手。于是幼儿们自选角色,因为有了前期的丰富经验,幼儿们创编出的风栩栩如生,形象生动。

增加大风以后,我们的音乐游戏变得更加有趣、有序了,而且有了大风的约束,没有一只鸡宝宝乱动,他们投入在音乐与表演的情境中。

当鸡妈妈喊道:"孩子们,大风来了,快藏起来,不要动!"所有的鸡宝宝没有一个违反游戏规则。大风出场后,有好几只"小鸡"都表现得很害怕而浑身发抖,扮演得很逼真!

在分享讨论的时间里,幼儿们对自己的表演提出了新的问题:表演的风还缺少一些道具和服饰!于是幼儿们从资源库里找来了各种材料:纱巾、布、各种亮光纸、海绵纸、各种易拉罐、盒子等。幼儿们两两合作,开始了他们的制作活动。

晚上放学时,一些幼儿还主动要求把制作的服装道具带回家和爸爸妈妈一起加工、改造。

第二次表演时,幼儿们扮演的风有的非常凶悍,张牙舞爪;有的张开双臂,以体现自己的强大;还有的在做动作的同时嘴里还发出低吼声。

幼儿们的表演,情节、语言、动作、表情都有了大的飞跃。

幼儿们对风的兴趣不减,每天依然围绕着"风"的话题进行交流:风从哪里来的?风到底有多少种?不同的风都有什么样的特点……

从幼儿们的讨论中可以看出,他们探究的内容已经有了进一步的深入。

《指南》指出:教师要及时了解幼儿的愿望,发掘幼儿的兴趣点,及时给予支持和帮助,保护幼儿的兴趣,为幼儿主动学习和探索提供保障。我结合幼儿们对风的了解及兴趣点,从中筛选出一些有教育价值的、适合幼儿们探究学习的内容,和幼儿一起生发出一系列有关"风"的活动。

幼儿们在活动中和"风"做起了各种游戏:风在哪里、让物体动起来、比一比谁的风大、小风车转转转、画一画风……活动中,幼儿们想尽一切办法尝试用纸、扇子、嘴巴来制造风。

幼儿们进一步了解、感知了风是由空气对流产生的,风力有大有小,风速有快有慢,每一种风都有自己的特性。幼儿们眼中的风变得千姿百态。

作为教师,我们要相信幼儿的发现,用发展的眼光看待他们,循着幼儿的兴趣,引导他们从自己的兴趣点出发去思索、去探究,会收获不一样的惊喜。

江苏省宿迁市实验小学幼儿园　刘宁

感受童心

春天来了，万物生长。

桃花红了，柳树绿了。

为了让幼儿们感受春的气息，我和幼儿们一起分享了一个关于春天的绘本故事《桃树下的小白兔》。分享这个故事之后，幼儿们懂得了帮助别人的快乐，感受到了同伴之间分享的乐趣。

幼儿们了解到小白兔把桃花瓣邮寄给了许多动物好朋友，纷纷表示也想要送一封信给自己的好朋友。

晨晨："老师，我想寄一封信给昱昱，他是我的好朋友。"

丹丹："老师，我想寄一封信给我的小表姨，她的家在很远的地方，可是我不知道去哪里寄信。"

幼儿们七嘴八舌讨论了半天。

硕硕："去警察局。"

铭铭："可以请消防员叔叔帮忙。"

心心："可以请冰淇淋店里的阿姨帮忙。"

玲玲："可是这些叔叔阿姨每天都有自己的工作，都很忙的。"

幼儿们决定回家和爸爸妈妈一起寻找答案。很多家长表示想带幼儿们去邮局亲身体验一下。

辰辰妈妈给大家推荐了一个"儿童职业体验馆"，里面有很多职业可以让幼儿亲身参与体验，了解和感受职业的特点。这个提议得到了大家的积极支持和响应。

周末的早上，幼儿们和家长一起坐着大巴车出发了。一个小时后，我们来到了"儿童职业体验馆"。幼儿们排队入馆，开始了他们的职业之旅。

大家一进门就看见了绿色的邮局，门口还有一辆带着邮包的自行车，它们好像在和幼儿打招呼。晨晨和俊俊一下子就跑了过去，在那里惊奇地摸弄着这些真实的物品。工作人员走过来把幼儿们迎进去，详细地讲述了邮寄信件的过程。

幼儿们开始换上新的装备。

"哈哈，现在我就是一个小小邮递员啦！"

"我们看不懂信封上的文字和符号，邮局体验馆里的漂亮阿姨给我们讲得可详细啦。"

幼儿们开始尝试送信。他们仔细研究着手里的体验馆里的地图。

俊俊对晨晨说："我要送到30号。"

晨晨说："30号是警察局，我得好好找一找。"

他们在地图上找到目标后，就出发去送信啦！送完信后，俊俊和晨晨又给20号送信，20号是一家茶馆，茶馆里的阿姨接到信后对他们说谢谢，两人非常开心，同时有点不好意思了。

其他幼儿也纷纷完成了自己的送信任务。

最后，大家回到邮局，邮局里的阿姨看见他们都把信送到了指定的地方，就给了他们每人"五块钱"的汇币，这是他们辛苦劳动得来的！

昊昊兴奋地说："邮局阿姨告诉我们这个钱可以在体验馆里面消费哦！"

于是，幼儿们拿着自己赚的"汇币"去消费了，有的去玩小游戏、有的去买冰淇淋吃……

多元化的儿童职业体验馆是多维度、全方位的，总计有36种职业体验，幼儿们可以自由、自主地去选择喜爱的职业逐一体验。在他们稚嫩的脸上，我看到的是投入和认真，此时的他们是一个个不被打扰的"小小工作者"。

由于各自的兴趣使然，他们玩得比较分散。幼儿们选择不同的场所进行体验，通过自己的劳动赚到了一定的"汇币"，然后拿着"汇币"再去消费……如此往复、循环。不知不觉中，时间流逝，幼儿们也玩得很尽兴。

离开的时候，幼儿们恋恋不舍，很多幼儿约着下次还要来玩。

回去的路上，家长们交流感受，就连平时不爱说话的家长也抒发了一下感想。他们一致认为，这是一次非常有意义的体验。

这次活动也给了我一个提示：给幼儿一个探索的空间，他们自己会创造、收获，效果远比说教好得多！

此后，幼儿们每天来到幼儿园，就多了一个话题。他们会叽叽喳喳地讨论职业体验馆哪里最好玩。他们三五成群地围在一起，讲体验馆里的趣闻，有的幼儿还保留了那里没用完的钱币。

到了我们的区域游戏时间，幼儿们围坐在一起，进行了各种游戏情节的再现。

去邮局的幼儿会把邮局的样子画下来，去考古基地的幼儿会在沙池里进行考古发现……

最后，幼儿们一拍即合，合作搭建了一个大型的飞机场。

我作为一线教师，奋斗在教育岗位多年，对现在课程观的理解也有很多的想法，但最终不变的是我们要回到教育的初心。杜威曾说过"一切真正的社会生活都具有教育意义"，陶行知先生亦提出了"生活既教育，教育既生活"，这二者相辅相成，互为补充。

和幼儿们一起参与体验，看着他们一个个进入各种职业角色，他们淋漓尽致的表现，让我找回了久违的童心。我突然很感动，这是一件多么幸福的事情啊。

作为一名幼儿园老师，只有永葆童心才能真正理解幼儿，在幼儿的世界里享受快乐、获得成长。在各种活动中，教师要善于抓住教育契机，与幼儿共同探索、发现。

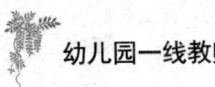

　　雨润无痕，花开有声，教育是一个漫长的过程，它不仅仅是等待一个结果。每一个幼儿都需要我们去观察、去发现，去静静聆听花开时候的声音。

江苏省宿迁市第一实验小学幼儿园　程春平

发问促发展

激发幼儿的好奇心，重视幼儿的每一次提问，是当前教育进程中一项很有意义且重要的工作。作为一名幼儿教师，我们如何从小培养幼儿的"提问意识"？

问题是研究的起点，没有问题意识就没有创造。幼儿的思维具有直觉行动和具体形象性的特点，他们用各种感官的参与来认识和感知周围世界。幼儿期是智力发展的最佳期和敏感期，因此这阶段养成的好习惯将使他终身受益。我们要充分利用儿童的这一心理特点，从小培育、保护他们的问题意识。

在生活中，我们往往忽视幼儿的"好奇心"，当幼儿的很多个"为什么"从思维中迸发，从语言中表达出来时，成人会因为嫌麻烦或一时语塞不知如何答复幼儿，不是搪塞过去，就是拒绝回答。但如果总是用这种行为来应对幼儿的"好奇心"，幼儿口中的"为什么"就会越来越少，这限制了幼儿想象力的发展。

我们所要做的就是引导幼儿找到"问题"的适宜答案，并且让这些问题背后的灵感发光、发热。哪怕我们一时不知道答案，可以直接告知幼儿不知道，后期通过查资料再为幼儿答疑解惑。教师具备这样的意识和态度了，幼儿就能在日积月累中获得更多的知识、经验和技能。

在对幼儿园各项活动环节深入思考的基础上，我总结了一些心得。

首先,教师要善于捕捉幼儿的"提问意识"。幼儿在产生"问题意识"时存在着明显的年龄特点,小班幼儿语言表达能力相对较弱,他们还不太会把心中的疑问,用问题的形式利用语言表达出来,这时教师要善于引导、发现幼儿的"问题",帮助幼儿理解其中的含义,学会有耐心地倾听。

记得有一天,宸宸问我:"今天的菜菜里有什么呀?"

我说:"有鱼片、山药,还有好吃的胡萝卜。"

"为什么又有胡萝卜呀?"

有幼儿接上:"因为胡萝卜中有许多营养。"

"营养是什么东西?"

"为什么要吃有营养的东西?"

"营养是什么颜色的呢?"

幼儿们更多的好奇心被激发出来。

……

后来,幼儿们的这些问题,我都一一给予回答,幼儿们不仅习得了知识,也逐渐积累了生活经验。幼儿以具体形象思维为主,情绪易被环境中的气氛、同伴等因素同化,这些由某个问题引出的一长串问题,仅仅是日常生活中一个细碎的片段。教师要善于捕捉幼儿的问题,让幼儿了解知识、积累知识,发展幼儿的表达能力、探索操作能力。

再次,教师要把握好幼儿在活动中的"提问意识"。以达到教育活动目的为出发点,教师要着重强调"问题意识的渗透",通过引导、启发,达到教育目的。如在"蛋宝宝站起来"的活动中,我提供了很多让幼儿自主探索的机会,准备的材料丰富多样,有沙子、米粒、橡皮泥、板子、盖子……幼儿通过探索,发出一连串提问,然后围绕问题想出各种解决办法,这可以不断提高幼儿的语言表达能力与解决问题的能力。

幼儿园是幼儿生活和学习以及游戏的地方,一日生活的各个环节都最直接影响着幼儿的行为和发展,教师要充分重视幼儿在生活各个环节中提出的问题。

幼儿园为幼儿配备了各种类型的车,午饭散步时,毛毛突然对车与电的关系有了兴趣。

毛毛问:"电瓶车有电吧?"

"有!"

"摩托车有电吧?"

"有电!"

"自行车有电吧?"

"没电!"

"玩具车有电吗?"

"有电!"

……

毛毛在不停地追问,他的思维在逐渐拓宽,问题在不断更新和递进。虽然幼儿们的回答并不完全准确,但这种互动的氛围有助于培养幼儿的发散思维。

除此之外,教师要积极创设环境激发幼儿的"提问意识"。新《纲要》指出:环境是重要的教育资源,应通过环境的创设和利用,有效促进幼儿的发展。因此,我非常注重创设有利于每一个幼儿积极提问的人文环境和物质环境。比如对于小班的幼儿来说,环境的色彩既应该是温馨的,又应该有跳跃的色彩元素,跳跃的色彩元素会让幼儿的思维处在活跃的状态。我大胆使用了橙色、嫩绿色等比较亮的色彩,将一些区域的划分布置得温馨和柔软,让幼儿们有放松和舒适的感觉。小班幼儿所在的环境应该是童趣盎然的,我在"动画节"活动中布置了一幅卡通形象图,他们很喜欢里面的故事人物,还提了许多问题。有问题就会有故事情节的发展,幼儿们在有趣的画面中找到了快乐。

幼儿可参与环境布置,并且环境也需要随着主题的变化而变化。

幼儿们可以根据自己的想法，收集自己需要的东西。如在"蔬果王国"主题活动中，幼儿们根据自己的需要收集了许多水果的图片，有的是他们认识的，有的则不是。于是，我设置了一块版面，让幼儿通过"张贴—提问—回答"的过程，提升自己的认知，以此获得发展。

宽松、开放、互动的环境，可以使幼儿身心愉悦，产生交流的愿望，有助于幼儿敢于把内心的想法表达出来。新《纲要》指出：尊重幼儿的个体差异，因人施教，努力使每一个幼儿都获得最大限度的满足和成功。于是，每次活动结束后，我尊重幼儿不一样的疑惑，会抽出几分钟时间让幼儿各抒己见，提出自己觉得有问题的地方。当一个个问题得到大家的认可或解决时，提问题的幼儿可以得到鼓舞。时间一长，每次活动后，幼儿就会自主提出问题。这样，不仅有利于反馈幼儿的学习情况，而且活动还得以不断深入开展。

在引导幼儿提出疑问时，教师应以同伴的身份介入幼儿的世界，建立一种新型的师生关系：平等对话，共同探讨。没有来自外界的压力，才能够让幼儿敢提问、好提问，藏在幼儿心中的问题才会如潮水般源源不断地涌现……

问题是幼儿认识世界、探索世界的开端。

我们应重视幼儿提出的问题，让幼儿学会学习，成为学习的主人；通过发现问题、提出问题，幼儿才能有所发展、有所创造！

江苏省苏州工业园区新加花园幼儿园　蔡洁

走进童心，共同成长

陶行知先生说过这样一句话："教育孩子的全部秘密在于相信和解放孩子！"

尽管我们总是说会公平公正对待每一个幼儿，会爱护每一个幼儿，可是我们心里总还会给幼儿贴上标签：把幼儿分成"聪明"与"傻"、"乖巧"与"皮"等类别；我们总免不了通过一些行为、表情的流露，带给幼儿并非出自本意的伤害。但其实每个幼儿都有自己的闪光点，等待我们去发现。

让"傻"幼儿有聪明的机会

忻忻是一个内向甚至有些胆小的幼儿，集体活动时他总是游离在外，当你要提醒他时，不用你多说，他的眼泪早掉下来了，你以为他已经认识到自己的错误时，他却很快恢复了原来的状态。他不会给你惹大麻烦，可你似乎永远拿他没辙。

一次数学统计活动，在我强调活动要求时，忻忻一如既往地低下头。再瞧瞧那些机灵乖巧认真听活动要求的幼儿，我不由得暗暗叹息。

大家开始操作了，慢慢地幼儿们开始混淆了活动要求。

正在大家忙成一团时，忻忻走过来低声说："老师，我做好了。"

"做好了？"我反问，又有些吃惊，心想该不会是瞎画的吧。但当我拿起统计表，表格上清清楚楚地打着五个勾，记录很清楚，没有混

淆。我怕忻忻是瞎蒙的，请忻忻再做一次。这次忻忻显然是轻车熟路，很快又做好了，没有一个是错的。我有些羞愧于之前对他的标签化定义。

忻忻让我强烈地感受到：每个幼儿都是不同的，每个幼儿都值得尊重，他们有自己擅长的地方。我们应该带着敬畏心，为幼儿有尊严地成长创设合适的时机，让"傻"幼儿有聪明的机会，让他们的闪光点在大家眼前闪光。

让"懒"幼儿有清醒的理由

赛赛是个小丫头，整天无精打采的，做什么事都不带劲，慢吞吞的。

跟家长交流后发现，赛赛是个爱听故事的幼儿，每天她都要缠着妈妈讲故事，一个故事一听就是好多遍。

我猜想，赛赛应该会讲一些故事，也许这可以成为她改变的开始。于是，我请赛赛带故事书来给大家讲故事。

第一次她勉强答应了，可是第二天她却空手来园。下午我又请她带书，这个要求我提了好几次，每一次她都没有拒绝但也没让我如愿，我只好改走赛赛妈妈的工作路线。书终于带来了，为了不让赛赛紧张，我特意安排了另两位幼儿和她一起讲故事。

午餐后，幼儿们听着同伴的故事显得很开心。轮到赛赛了，我举起赛赛再熟悉不过的书，告诉大家赛赛将给大家讲一个精彩的故事。一向面无表情的赛赛有一丝兴奋，她开始讲故事了，没有我想象的紧张。

可幼儿们说："赛赛讲故事好听是好听，可我们听不清她到底讲了什么。"

赛赛的声音实在太低了。虽然我一直示意她提高声音，可显然我又碰了软钉子。但我必须承认：赛赛的故事讲得真是好！不仅情节完整，甚至能模仿角色变换语调。

既然赛赛有这样的优点，我自然要帮她发扬光大。我表扬了赛赛，希望她能继续给大家讲故事。这次我没有再提声音高低问题，我希望问题能在更自然的状态下得到解决。

赛赛主动带来了好几本书放在了图书角。

赛赛第二次讲故事、第三次、第四次……

慢慢地，赛赛的表情随着故事情节的变化发生了变化，懒洋洋的神情逐渐在她讲故事时消失了，她开始想让更多的幼儿听到她的故事，声音也自然地提高了。

现在的赛赛依然会走神，但她会在我的提醒下羞涩微笑。赛赛依然不爱和同伴交流，但经我授意的几个幼儿会常常"骚扰"她，而她好像并不排斥这种"骚扰"，久而久之赛赛也学会了"骚扰"同伴，终于可以与同伴友好相处、交流、玩耍了。

有一次，我看见赛赛主动举手回答问题了。随之而来的，她还有很多的第一次逐渐出现。比如，赛赛能够专心地寻找合适的种子做镶嵌画，而且用了比很多同伴还要长的时间，做得很认真。

她也不用妈妈提醒，能够主动向我问早安、向小伙伴发出游戏邀请……

赛赛变得积极阳光起来了。

让"皮"幼儿有认真的兴趣

"快乐的小牧民"是一个体育活动，主要是在模仿牧民生活时练习跨跳的技能。为了创造比较逼真的情境，我将练习的场地安排在草地上，草地周围刚好有一圈轮胎，高度符合我们练习的需要，实在是个好地方。

不过草地边上有几株月季，为了避免危险，我提醒幼儿在我圈定的范围内游戏。幼儿在这里宛如脱了缰的马儿一般，跳来跳去，非常活跃。

好在大家还记得我的约法三章，没有越界。

可是那个"皮猴"小宇状况频发：他跑向相隔一块水泥地的另一个草地，然后助跑、跨跳、再跑、再跳……

我眼看着轮胎被他灵活的身姿征服。小宇也因为自己的"新发明"兴奋不已，很快就有幼儿开始跟着他学了。我本想着马上就会乱成一锅粥，正想着该怎么办，谁知又有了转机。

小宇见大家都学他，反而变得异常认真起来。他没有到处乱跑，在遵守规则的前提下，换着花样不停地游戏，然后享受同伴的羡慕眼光与模仿他的行为。

原来，"皮猴"也有认真的时候。原来他也能遵守约定，远离那些带刺的植物，远离危险。

让"呆"幼儿有阐述的机会

在"快乐公寓"这个综合活动中，"分房子"是我设计在活动第二部分的一个环节。这个活动其实没有固定答案，但有几个评价的原则或者也可以称之为标准，比如大象因为体型、小乌龟因动作缓慢所以住一楼比较合适……

在操作过程中，大部分幼儿的分房结果与我设想的相似，而且从幼儿们阐述的理由中也能看出他们是按照每种动物的特点来分房子的，也就是说他们的发展水平已经达到了我设定的教学目标。

但当丹丹说出"大象住楼上"的答案时，幼儿哄笑起来。

我示意幼儿们静下来倾听这不同的"声音"。

丹丹说："我想大象这么胖，天天爬楼梯可以帮助它减肥，锻炼身体。"

眼光扫过，我看到那些刚刚哄笑的幼儿在点头，看来这个"另类"的想法已经得到了他们的认可。

丹丹不再紧张，而是笑容满面了。

事后我一直在庆幸，幸而我把阐述的机会给了丹丹。如果我凭自己的武断想法猜测丹丹给出答案的理由，或者和大家一样哄笑，那么这不仅伤害了丹丹的自尊、否定了她的勇气，也封杀了她和其他幼儿获得知识的途径，更扼杀了幼儿的想象空间。

在日常的教育教学过程中，我们不仅要"有心栽花盼花开"，也要珍惜"无心插柳柳成荫"的意外收获，让"呆"幼儿有展示自我的机会。

让"莽"幼儿有抗令的勇气

"老师，卫生间一个水龙头又坏了，一开就到处喷水。"有幼儿跑来告诉我，这已经不是第一次了。

在晨间谈话时，我将这个信息转达给班里所有的幼儿，大意是为了节约用水和保护自己的衣服不被水喷湿，请大家在更换水龙头之前不要再使用这个水龙头。看着点头答应的幼儿们，我感觉这事就过去了，便开始组织集体教学活动。活动结束后，幼儿分组照常小便、休息。

此时，我正和几个幼儿聊天，小宇冲到我跟前说："昊昊不听你的话，又开了那个坏的水龙头了。"

我奔向卫生间。

"早晨老师说的话你没听到？为什么要打开这个水龙头？"一连串的指责砸向了昊昊。

昊昊看着我说："老师，我已经把水龙头修好了。"

好平淡的口吻，我这时才注意到卫生间里没有我想象的那样一团糟。我半信半疑地伸手拧开了那个水龙头，居然真的修好了。

"你怎么修好的？"

"我就是把接口的地方拧紧了，水就没有溅出来。"

这么简单？我难以置信。思维定式让我走进了一条狭小的胡同，根本没有想要去修理水龙头，而昊昊却用他的实际行动告诉我：原来问题解决的方法可以这么简单，有时候不过是要我们动一下手指头而已。

教师与幼儿，不应该只是教与被教的关系，教师应该走进幼儿、观察幼儿、倾听幼儿、尊重幼儿，与幼儿共同学习、进步、成长。

没有"笨"幼儿，只是我们没有找到那把适合他的钥匙。

江苏省常州市新北区魏村中心幼儿园　陈洁

浅浅的守候最深情

由于我们园是科技教育特色幼儿园,"幼儿科技教育"一直是研究的重点,在积累了一定的科艺融合课程的基础上,我们取得了一些喜人的成果。在传承以往的同时,我们也在不断思考,不断创新出新的点子、新的做法。

基于学科视角,凸显核心经验。

明确定位、基于儿童视角——多维度开发,变随意为有意。

基于材料视角——多方位开发,变无序为规范。

期待每位教师、幼儿和家长,将来都具有一定的科艺素养和创新意识。

《指南》提出:"幼儿的学习是以直接经验为基础,在游戏和日常生活中进行的;我们要最大限度地支持和满足幼儿通过直接感知、实际操作和亲身体验获取经验的需要;幼儿在活动中表现出的积极态度和良好行为倾向是终身学习与发展所必需的宝贵品质。"

这个秋天,与科艺邂逅,与创造相逢,那流淌在灵魂深处的香氛,胜过了繁花的盛开。

追溯我们的科研之路,我们在研究中积累了大量的、优质的科艺融合课程经验,发现科艺融合课程与幼儿的创造力密切相关,科学教育与艺术教育"融合点"的研究与幼儿创造力发展是成正比的关系。

在创新的路上,我们不断超越。

我们梳理园本课程项目,在原有的项目上进行删选取舍,取其精华、去其糟粕，不断分析、调整。

将科艺小制作、小实验、小玩偶、科普剧进行区域化、游戏化。

将庆生会、志愿者项目常态化。

将班本主题课程游戏化。

……

我们的科技节活动，以往每年都是同一个主题。去年的主题定为"乐享自然　点亮未来"。我们与幼儿远离城市的喧嚣，漫步田间，张开臂膀拥抱自然，徜徉在稻谷中，悠然自得。在橘子飘香之际，我们把奇妙的课堂搬到了农场橘园，幼儿们在满园橘香中尽情触摸、感受自然的"脉动"。

今年的科技节活动主题，我们定为"行走的科艺，温暖的行动"，通过全园科艺游园活动，我们把科技节推向了一个高潮。活动期间，园内布满各种实验、小制作活动，分工明确，专人负责，既能体现科技性又具有趣味性。参与的幼儿玩了一个多小时，久久不愿离去。从他们依依不舍的神情上，可以看出他们对科学活动的热爱。

不同的主题意味着不同的侧重点，幼儿们通过自主体验，真实感知到了科学的巨大能量，激发了强烈的探究欲望。

随着时间的推移，我们的研究不断深入。在研究的过程中，我们创造性地开设了"小小播报员""创想千千变""爸爸智囊团""故事妈妈进课堂"等栏目，并将其渗透到一日活动中，为幼儿提供丰富的创造可能。

幼儿创造力的一个前提是大量知识的储备，我们在晨间谈话中进行"科艺播报"，小小播报员声音响亮，落落大方，向全班幼儿科普百科知识。播报完毕后，紧接着是提问时间，小朋友可以向播报员就播报的内容进行提问。在一次次的追问中，幼儿的思考和探究不断深入。在一次次的交流和探讨中，幼儿对科学的兴趣越来越浓郁。事后，我们将幼儿播报的视频分享在班级群中，并附上简单评价，向家长展示幼儿的点滴进步，同时还会把播报的内容进行环境布置。相信经过一段时间的积累，幼儿的知识储备会有质的飞跃。

"爸爸智囊团""故事妈妈进课堂"这些家园合作的方式，让家长以自身的优势积极、主动地参与到幼儿园的活动中来，以期达到资源共享与优势互补，促进家庭教育提升的目的。

我们在实践中不断探索，尝试开设以"科艺特色"为主线、以"创造力"课程为载体的"魔法课程"，如科艺播报、科学小实验等视频和录音课程，在微信平台定期推送，把我们的成果辐射到家庭、社会。

多米诺骨牌被人们命名为"世界上最细心的运动"，它不仅能锻炼幼儿手指的灵活性，还能拓展幼儿创造性思维的空间。我们以"器材多米诺"为引子，开展小、中、大班"创造力启蒙"项目的脑力风暴，推动各年龄段"创造力"课程的全面开发与建设。

培养幼儿的观察力是培养幼儿创造力的前提。

活动初始，我们找来了好多关于多米诺骨牌的资料和视频，小朋友们一起观看，大家都被这些多米诺骨牌创造出来的美丽图形感染了。与此同时，一场低结构和高结构材料组合的器材游戏在园内掀起一股热潮。

区域游戏时，幼儿们跃跃欲试。

"我想摆成一朵花的形状！"

"我想让这个小球滚进山洞。"

"为什么转弯的地方没有倒下？"

……

幼儿们有的根据自己喜欢的形状来摆放，也有的巧设机关，他们分工合作，齐心协力创造了一个又一个精彩的作品。

随着课程的不断推进，我们每个研究阶段有一个具体的小目标，让老师们在观察幼儿游戏时做到心中有数。

第一阶段是欣赏阶段，教师通过图示、视频等方式丰富幼儿的经验，引发幼儿的探索。

第二阶段是学习阶段，教师提供不同材料的多米诺骨牌，引发幼儿思考"牌"的高矮、厚薄与摆放间距、顺序之间的关系，探索怎样让它们出现连锁反应。

第三阶段是创造阶段，引进具有挑战性、激励性的"困难"或"问题"，促进幼儿深度学习。

幼儿的发展寓于活动之中，培养幼儿创造力也不例外。"创想千千变"是课间活动，每个班级根据实际情况选择不同的材料，例如魔方、魔尺、挑花线、手帕、乐高等，开发幼儿的创造力。活动中，幼儿主动探索、主动思考、主动参与、主动实践，变无序为规范，表现出了惊人的创造才能和机敏性。

教育梦想，不大不小、不远不近。

心怀梦想，方可继续前行。

在日常生活、教学活动、项目活动和主题活动中，我们都能融入对幼儿创造力启蒙的培养，积极鼓励幼儿把想象力表现出来，体验价值感，培养和发展幼儿的多元思维力，以及与之密切相关的独立性、坚持性、挑战性等良好个性品质。

播下一份好奇心，萌发一份想象力，执着一份探究的精神，就能让幼儿对了解世界产生更多的期待。

这是一个成长的过程，也是一个等待的过程，我们能做的，就是倾注真情和汗水，细细浇灌，用心呵护。

让我们细细品味科艺的神奇与精彩，让创造力的种子在幼儿们的心田生根、发芽、开花！

江苏省张家港市机关幼儿园　陈银

"悦"讲"阅"精彩

看图讲述是提高幼儿讲述能力的基本形式和重要手段,也是幼小衔接中关于阅读学习准备提到的重要内容。大班下学期作为幼小衔接的关键时期,区域游戏是幼儿最喜欢的学习方式,能否从常态的自主阅读、自制图书、阅读表征、你说我猜等区域游戏中引发更深入的学习与探究?

我思考着如何让幼儿爱上看图讲述,将"要讲述"内化为"想要讲述",而引发我思考的契机要从"掷骰子讲故事"开始。

那天,瑶瑶、玥玥、玲玲三个人开心地拿着盒子里的故事图片,张贴在故事板上。一人一种图片颜色,很快就张贴好了。三个人坐下来,玩起了"手心手背"。

瑶瑶第一个、玲玲第二个、玥玥第三个。三个人轮流掷了骰子。

瑶瑶根据自己收集到的图片,讲述故事:"有一个小女孩过生日,吃完蛋糕准备出去玩,外面下大雨了,她就待在家里没出去,雨停后出去玩了。"

接着轮到玲玲,玲玲细心观察了收集的图片,讲述说:"有一天夜晚,在农场,有一个宇航员在给地球测着温度。"

最后是玥玥自信地讲述:"有一只小花猫饿了,在小树林中找到了红色的果实,吃完后去找小狗一起玩。"

这次观察让我意外发现,幼儿们已经懂得了按次序轮流讲话,不随意打断别人。

虽然她们看图讲述的核心经验是零散的,但在讲述中能说出相关的人、事、物的名称及之间的联系。

看图讲述是幼儿园常用且特别重要的一种教学形式,观察能力起着重要的作用。如何有计划地选材和构思,让幼儿掌握一定的方法、技能,会看、会说、愿看、愿说,同时提高观察力、想象力、口语表达能力是我需要着重思考的。

我继续投放"掷骰子讲故事"的材料,并结合幼儿的生活经验,丰富幼儿的语言,然后借助"图书漂流""印象深刻的一页""云上故事大王"等活动提高幼儿的语言丰富性、画面观察力及口语表达能力,鼓励幼儿在一步步尝试、讲述、演讲中走向深度学习,建构自身的讲述经验。

一段时间后的某一天,幼儿们兴致勃勃地来到了图书区,拿起了讲故事的材料,开始了讲述大会。

可可:"这个天气的卡片不够啊,老师能不能加一点新的天气?"

媛媛:"对啊,里面的事件都讲过了。"

涵涵:"我们可以自己画一点啊。"

玥玥发现新的材料包,赶紧推荐给大家:"我们玩这个吧。"

可可:"这是什么啊?"

涵涵:"哇,这里有我们的照片。"

媛媛:"可可,你看,这是你做的兔子灯。"

玥玥:"我们快点摆好,一起来玩吧。"

玥玥讲述故事:"有一天,昊昊去自然角浇水,之后去生活材料区搭了一个小松鼠吃松果的作品,然后又去跳绳了。"

可可讲述故事:"有一天,涵涵在玩粘土,玥玥想用粘土做小花,涵涵不同意,玥玥很不开心。"

梵梵:"真好玩,都把图片讲出来了,还连起来了。"

旭旭:"我觉得可可讲得很好。"

芷芷:"玥玥的更好。"

梓梓："我觉得还可以加入值日生，去自然角浇水都是值日生去做的。"

可可讲述故事："今天是晴天，涵涵想去讲故事，但人满了，只能去美工区。美工区特别受欢迎，正好玥玥在旁边。玥玥想和涵涵一起做小花，涵涵不同意，玥玥建议去问题专栏看看有什么问题需要回答，然后她们一起回答了康康的问题。"

这样的形式让幼儿爱上了看图讲述，让幼儿敢讲、"悦"讲。

图片内容的转变丰富了幼儿的讲述经验，后续又应该怎么推进呢？我与班级老师一起讨论，并做了以下预设。

预设目标	1.丰富幼儿的阅读内容，引导幼儿观察画面，比较全面地说出故事内容。 2.参与"故事分享汇"活动，通过借阅、记录、讲述等形式提升幼儿的讲述能力。 3.结合主题创设情境，鼓励幼儿在同伴或集体面前大胆讲述。
预设思路	亲子阅读—师幼共读—幼儿阅与讲—幼儿"悦"讲"阅"精彩
预设活动形式	1.与幼共读：亲子阅读、师幼共读。 2."故事分享汇"：借阅图书、记录图书中印象最深刻的一页或创编续编故事内容、午睡故事我来讲。 3.情景式讲述：结合班级主题活动，鼓励幼儿进行讲述。 4.云上故事大王：精选故事内容，有感情、有动作地讲述，最后评选与投票。

为了让幼儿的语言表达更丰富，让幼儿使用更多的陈述句以外的句式，结合卡片内容创编故事，我鼓励幼儿借阅图书与父母共读，自

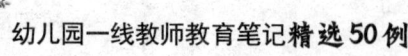

主记录故事内容或创造、续编故事,并在幼儿园午睡时拿着自己的记录讲述故事,引发幼儿在自己的表达中回忆故事内容,大胆讲述。

经过了六周的实践训练,幼儿的讲述能力有了明显的提升。孩子们对讲述产生了浓厚的兴趣,也掌握了一定的讲述技巧,同时观察能力也有了很大提升,对后期幼小衔接的学习准备有重要的促进作用。

江苏省常州市新北区孟河实验幼儿园 陈一飞 高敏

预约牌巧运用

规则是对人们行为的规范，是协调人们之间关系和行为冲突的社会标准，还是人们在日常生活、工作、学习中必须遵守的行为规范和准则。在大班区角活动中，幼儿们往往会出现很多不良习惯，预约牌的设置则从一定程度上保证了游戏的顺利进行，促进了游戏顺利开展、建立了各项规则、实现了幼儿的自我管理，让幼儿的规则意识、自我管理能力得到一定的提高。

《纲要》指出：在共同生活和活动中，教师要以多种方式引导幼儿认识、体验并理解基本的社会行为规则，学习自律和尊重他人。大班的幼儿正处在规则意识萌芽期，是非观念仍很模糊，以自我为中心的思维特征明显。幼儿们已有初步的规则意识，但执行规则不够理想，需要教师的提醒或督促；已出现自律规则的萌芽，不过尚未成型，还需要教师的引导和启发。

我和幼儿们坐下来讨论该如何让大家更好地、自发地遵守规则呢？幼儿们集思广益，最终，多多的想法得到了很多小朋友的支持——预约牌。

根据大班幼儿的年龄特点，我把预约牌做成图画式预约牌和数字式预约牌。图画式预约牌以图画为依托，将自己喜欢的东西设计成预约牌，这个是图画式预约牌的特质。该预约牌能充分调动幼儿的自主性，将幼儿自己心里的想法表现出来，体现幼儿的创意性，并且可以在全班幼儿面前表达自己对于设计这款预约牌的理解，比较符合大班幼儿的年龄特点。

数字式预约牌则是让幼儿自己制作或者与同伴共同制作数字式预约牌，不仅能让幼儿充分认识自己的学号，也能让幼儿对数字充满兴趣。该预约牌比较适合大班能力弱的幼儿。

有了预约牌，如果幼儿不遵守就没有意义。在幼儿的参与下建立规则要求，才是适合幼儿需要，也容易被幼儿接受的。

在使用预约牌之前，我组织幼儿共同讨论制定适合的预约规则，并且和幼儿一起讨论用什么方式、用什么符号来呈现预约规则。

在游戏中，如果遇到还需增加的规则应该怎么来增加，哪条规则不需要可以更换或删除等。每一条预约的规则都是和幼儿们进行过商量、讨论、实施、调整的，这样幼儿们就会自觉地遵守规则。

有了规则之后，就要对规则中的内容进行呈现。我召集全体幼儿商量规则中的内容可以用什么符号来表示。只有利用幼儿可以看懂的文字或图示，才能让幼儿真正了解规则内容。

制作好规则后，我利用KT板把预约规则张贴在教室显眼的地方，方便幼儿能随时了解规则。

规则的制定是为了让游戏能够更好地进行，但如果规则不够合理或者规则中没有明确规定，则会影响幼儿游戏的积极性。

幼儿绘制好了自制预约单，把它放在了预约本的最前面，但规则中没有明确要求一定要按照先后顺序来摆放，使得先预约的幼儿无法玩到自己已经提前预约好的区角内容。后来，经过不断调整、完善规则，预约牌可以投入使用了。那些慢一点的幼儿，可以通过预约牌提前预约下次想玩的区角。

在区角活动结束后，我会进行一些讲评，讲评的方式和展示的作品会吸引幼儿产生下一次想去这个区玩的想法，幼儿可以利用区角活动结束后的休息时间，提前预约自己下一次的区角活动。

课间、饭后是幼儿的自由时间，幼儿可以利用这样的休息时间和同伴一起分享下次区角活动时想去玩什么，或者和好朋友一起商量预约哪个区角。

如果一直预约不到自己想玩的区角，幼儿与幼儿之间可以达成一个协议，规定一个集体预约的时间，在同一时间让幼儿预约自己想玩的区角活动，这样就能避免有幼儿被落下。如果想预约的区角人员满了，还可以通过协商来更换。

大班幼儿已经有了合作意识，挑选心仪的合作对象进行合作游戏也成了区角活动顺利开展的条件之一，而交际能力强的幼儿通常会成为很多幼儿心目中的心仪同伴。同伴之间提前商量、预约、合作游戏，能够让区角游戏更加受幼儿欢迎。

有了预约的规则，幼儿也知道了预约的方式和方法，可班里总有一些调皮的幼儿不遵守游戏规则。于是，我在班里设置了预约牌管理员，并开展了自主性小组活动，让幼儿通过这样的形式实现自我管理。

大班幼儿正处于培养自制力、坚持性的关键时期，他们也具备了相应的制约自己、劝阻他人的能力。对于不遵守规则的幼儿，我通过和他们深入交谈，请他们做班里的预约牌管理员。潜移默化中，他们慢慢改掉了不遵守预约规则的坏习惯。

教育家陶行知说："最好的教育是教幼儿自己做自己的先生。"自主性小组活动为幼儿提供了与同伴交往、解决矛盾的机会，幼儿可以从同伴之间了解同伴、调节自我行为，积累自我调节的初始经验。我通过鼓励、支持等方式促进幼儿解决矛盾，尝试用预约牌约束幼儿的不良习惯。幼儿参加自主性活动小组之后，自我管理能力也会随之不断提高。

预约牌在大班区角活动中的合理利用和设置，不仅使幼儿在设计预约牌时的想象力和创造力得到提高，也增强了幼儿们在区角活动中的规则意识，使得他们在遵守区角活动规则时学会了调控自己的行为，提高了自身行为的自觉性和自制力。

浙江省海宁市许村镇中心幼儿园　戴海美